O mundo é seu

mas calma lá!

ADMINISTRAÇÃO REGIONAL DO SENAC NO ESTADO DE SÃO PAULO
Presidente do Conselho Regional: Abram Szajman
Diretor do Departamento Regional: Luiz Francisco de A. Salgado
Superintendente Universitário e de Desenvolvimento: Luiz Carlos Dourado

EDITORA SENAC SÃO PAULO

Conselho Editorial
Luiz Francisco de A. Salgado
Luiz Carlos Dourado
Darcio Sayad Maia
Lucila Mara Sbrana Sciotti
Luís Américo Tousi Botelho

Gerente/Publisher
Luís Américo Tousi Botelho

Coordenação Editorial
Verônica Marques Pirani

Prospecção
Andreza Fernandes dos Passos de Paula
Dolores Crisci Manzano
Paloma Marques Santos

Administrativo
Marina P. Alves

Comercial
Aldair Novais Pereira

Comunicação
Tania Mayumi Doyama Natal

Coordenação de Arte
Antonio Carlos De Angelis

Edição de Texto
Vanessa Rodrigues

Preparação de Texto
Editora Polis

Coordenação de Revisão de Texto
Marcelo Nardeli

Revisão de Texto
Gabriel Joppert

Projeto Gráfico, Capa e Editoração Eletrônica
Antonio Carlos De Angelis

Impressão e Acabamento
Gráfica Visão

Proibida a reprodução sem autorização expressa.
Todos os direitos desta edição reservados à

Editora Senac São Paulo
Av. Engenheiro Eusébio Stevaux, 823 – Prédio Editora
Jurubatuba – CEP 04696-000 – São Paulo – SP
Tel. (11) 2187 4450
editora@sp.senac.br
https://www.editorasenacsp.com.br

© Editora Senac São Paulo, 2025

*Dados Internacionais de Catalogação
na Publicação (CIP)
(Claudia Santos Costa - CRB 8ª/9050)*

Dib, Rodrigo
O mundo é seu, mas calma lá! / Rodrigo Dib. –
São Paulo : Editora Senac São Paulo, 2025.

Bibliografia.
ISBN 978-85-396-5384-3 (impresso/2025)
e-ISBN 978-85-396-5385-0 (ePub/2025)
e-ISBN 978-85-396-5386-7 (PDF/2025)

1. Desenvolvimento pessoal e profissional.
2. Sucesso. 3. Carreira. I. Título.

25-2396c	CDD – 158.1
	BISAC BUS012030
	BUS107000
	PSY057000

Índice para catálogo sistemático:
1. Desenvolvimento pessoal e profissional   158.1

RODRIGO DIB
O mundo é seu

mas calma lá!

Editora Senac São Paulo – São Paulo – 2025

Sumário

Nota do editor, 6

Prefácio, *por Luiza Helena Trajano*, 8

Introdução, 12

1. O sucesso imediato é a grande *fake news* do momento, 16
2. Esqueça as orientações vocacionais, você mudará todos os dias – e viva bem com isso, 26
3. Saber o que quer é preciso!, 36
4. Desconstrua a profissão e construa uma trajetória, 44
5. Não planeje sua carreira, planeje procurar problemas para resolver, 54
6. Surfe as ondas do momento, com coragem de cair e levantar, 64
7. Pare de pôr o pé no "rasinho" e mergulhe na piscina funda, 72
8. Não invente prato novo se o arroz com feijão ainda está ruim, 82
9. Vai ter muita queda, vai doer, mas vai fazer bem, 90
10. Olhe para seu caminho: esqueça o "mundo cor-de-rosa" das redes sociais, 100
11. Humildade diária nunca foi tão necessária, 110
12. Deixe sementes por onde passa, não espinhos, 120
13. Cuide sempre da sua cabeça, 130
14. Que o mundo seja seu, da forma que você sonhar!, 140

Referências, 151

Índice geral, 153

Nota do editor

**O mundo mudou
E vai mudar muito mais
E o que eu quero ser?
O que eu quiser!
Experimentar.
Criar. Refazer.**

O manifesto do Senac São Paulo, dirigido ao público que busca a educação para transformar a sua vida, tem neste livro de Rodrigo Dib um conteúdo rápido, direto e objetivo.

O autor compartilha a sua própria caminhada, conta casos de personalidades que se destacaram na profissão e mostra, para quem está lendo, como atuar dentro de valores como ética, transparência, diversidade, inovação e sustentabilidade. Explica, também, o impacto que nossas atitudes podem ter na vida dos outros; que pequenos gestos de gentileza podem abrir caminhos que nem imaginávamos existir; que uma pessoa que não cultiva boas relações terá uma trajetória limitada, mesmo que seja tecnicamente muito bem preparada.

Com este lançamento, o Senac reafirma sua vocação de educar para o mundo do trabalho com base em respeito e autenticidade, alicerces para uma carreira duradoura e significativa.

Prefácio

Sempre que vejo alguém acelerado, afobado, eu peço para a pessoa respirar e ter "leveza". Quando estamos acelerados ou afobados, muitas vezes queremos só falar e agir rapidamente e não paramos para ouvir e refletir, ainda mais em um mundo que cobra que as coisas sejam feitas cada vez mais rápidas.

Nestes tempos acelerados que vivemos, em que o imediatismo virou regra e a próxima grande promessa de sucesso está sempre a um clique de distância, as redes sociais nos bombardeiam com histórias inspiradoras, de trajetórias impecáveis, e nos fazem acreditar que o caminho para o topo é uma linha reta, livre de quedas e dificuldades. Mas isso é uma ilusão.

Rodrigo Dib nos entrega aqui um livro que foge dessa narrativa. *O mundo é seu, mas calma lá* não é mais um manual com fórmulas prontas. Ao contrário, é um convite para refletir sobre a realidade das nossas escolhas e para compreender que sucesso não é um destino, mas um processo. Um processo repleto de desafios, incertezas e, sobretudo, aprendizado.

Com uma abordagem direta e provocativa, o autor nos guia por uma jornada de autoconhecimento e resiliência, mostrando que não existe uma única resposta certa para a construção de uma carreira ou de um caminho profissional. Ele desconstrói mitos, como o da vocação imutável e o da segurança absoluta no planejamento de longo prazo, e propõe uma visão mais realista do crescimento pessoal e profissional.

Se tem algo que o mundo moderno exige de nós, é a capacidade de nos reinventarmos constantemente. E é exatamente essa mentalidade que este livro promove. Ao longo dos capítulos, Rodrigo nos desafia a sair do "rasinho" e mergulhar de cabeça na construção da própria trajetória, sem medo das quedas e com a coragem necessária para levantar sempre que for preciso.

A leitura é leve, mas as reflexões que ela provoca são profundas. No final, você não sairá com uma receita infalível para o sucesso, mas com uma visão mais madura e preparada para enfrentar os desafios da vida real. Porque, sim, o mundo pode ser seu. Mas calma lá: antes de conquistá-lo, é preciso entender como jogar o jogo da forma certa.

Boa leitura!

Luiza Helena Trajano
Presidente do Conselho do
Magazine Luiza e do Grupo
Mulheres do Brasil

Introdução

Em um mundo lotado de *coaches*, mentores e gurus da verdade absoluta, o que mais se vende por aí é a promessa de que sua mente pode ser facilmente "moldada" para alcançar o sucesso profissional. Por meio de frases prontas, palestras motivacionais e fórmulas mágicas de autoajuda, lhe fazem acreditar que o mundo está transbordando de oportunidades e que o poder de conquistar tudo o que deseja está exclusivamente em suas mãos.

O que não contam é que essa visão simplista ignora diversos fatores externos que impactam nossas jornadas. As mensagens, com frequência, colocam o peso do fracasso unicamente sobre nossos ombros, desconsiderando que a realidade envolve muito mais do que força de vontade. A verdade é que, embora o sucesso dependa muito de você, ele não é a bonita história que vendem por aí.

Também não contam que, sim, o mundo mudou, mas algumas coisas continuam as mesmas. Claro, você precisa fazer a sua parte muito bem-feita para ter chance de chegar aonde quer, e de forma consistente, mas não necessariamente verá os resultados de seus esforços na hora, nem da forma que você espera.

Lá atrás, quando comecei minha carreira, eu também me deixei levar por esse conto de fadas do sucesso rápido. Mas a verdade é que as histórias de sucesso que mais admiro – e que me moldaram – foram construídas com o tempo, com aprendizados obtidos por meio de frustrações, suor e paciência.

Este livro será curto e direto, porque, em um cenário tão caótico, o segredo está em fazer o simples bem-feito – algo raro de ver atualmente.

Este livro não vai oferecer atalhos ou alimentar fantasias. O objetivo dele é incomodar, tirar você da sua zona de conforto e fazer refletir sobre os verdadeiros limites de um mundo que, sim, está cheio de possibilidades, mas que, para que você atinja seus objetivos, exige estratégia, resiliência e uma boa dose de pragmatismo.

Ao final desta leitura, espero que seus sonhos estejam ainda maiores, e que você tenha não apenas a vontade de voar, mas também a coragem de preparar suas asas de forma correta e realista, com os pés no chão e um plano em mente.

1

O sucesso imediato é a grande *fake news* do momento

Você acredita que em 2024 geramos mais dados em *um dia* do que o total acumulado de dados gerados em *todo* o ano de 1970?

Pois é, estima-se que em 2024 o mundo gerou aproximadamente 120 mil exabytes de dados ao longo do ano, enquanto em 1970 foram gerados de 1 exabyte a 2 exabytes, ou seja, o volume de dados em 2024 foi centenas de milhares de vezes maior do que em 1970.

E o que dizer sobre a velocidade das informações? Dá medo até de pensar que, em 1900, o conhecimento humano dobrava a cada cem anos e, em 2020, estima-se que o conhecimento esteja dobrando a cada doze horas por causa do avanço das tecnologias da informação e da digitalização do conhecimento.

Entre as décadas de 1960 e 1980, inovações como a televisão ou o telefone demoraram décadas para atingir a adoção massiva. Atualmente, tecnologias como *smartphones*, inteligências artificiais e aplicativos móveis podem alcançar milhões de usuários em poucas semanas.

Tudo isso sustenta, no entanto, um mundo caótico, veloz e que a todo momento nos pressiona a correr cada vez mais rápido, pois sempre dá a sensação de que estamos perdendo algo ou ficando para trás de alguém.

Somos asfixiados diariamente pela mídia, pelas redes sociais e pela internet, que jogam na nossa cara, a todo minuto, gente de sucesso, histórias felizes, glamour e ostentação de uma forma tão próxima da gente, literalmente na palma da nossa mão e com uma linguagem tão simples, que nos fazem questionar se aquilo que estamos construindo e vivendo está de fato sendo feito na velocidade correta.

Poxa, eu abro as minhas redes sociais e todo mundo está bem, feliz e com sucesso. E eu aqui na batalha, ralando e sofrendo!

Por que eu?

Por que só eu?

É, o mundo moderno faz isso com a gente mesmo! Ele tenta a todo momento vender a ideia de que o tempo e a velocidade de conseguir sucesso na carreira e na trajetória também aceleraram na mesma proporção que os exabytes de dados mencionados anteriormente.

Vivemos em uma era em que o sucesso imediato é glorificado. As redes sociais, as *start-ups* bilionárias que surgem da noite para o dia e as histórias de pessoas que "conseguiram tudo" em poucos meses criam uma narrativa sedutora: você pode alcançar o sucesso rapidamente. No entanto, essa narrativa não passa de uma grande *fake news*. Na busca por uma ascensão meteórica, muitos esquecem que o sucesso sustentável requer tempo, dedicação e, acima de tudo, uma base sólida.

A armadilha do sucesso instantâneo

Segundo um estudo da empresa de consultoria empresarial Deloitte publicado em 2024, cerca de 50% dos jovens da geração Z (pessoas nascidas entre 1997 e 2012) esperam alcançar uma posição de liderança em suas carreiras nos próximos cinco anos. Essa expectativa contrasta com a realidade do mercado, no qual o verdadeiro sucesso é frequentemente fruto de anos de aprendizado e experiência.

Redes sociais e plataformas como Instagram e TikTok alimentam essa ideia. Influenciadores digitais ganham milhares de seguidores em questão de meses, com promessas de vidas perfeitas e carreiras bem-sucedidas. No entanto, o que não é mostrado é o lado frágil dessa ascensão aparentemente rápida.

No Brasil, por exemplo, 41% dos influenciadores ganham até R$ 500 por mês, mesmo em um mercado que tem uma das maiores bases de criadores digitais do mundo. Grande parte dessas pessoas pertence às categorias "nanoinfluenciadores" e "microinfluenciadores", que têm de mil a 50 mil seguidores e representam mais de 78% dos criadores no Instagram.

Estima-se que a relevância de mais de 50% dos influenciadores acaba caindo após apenas dois anos, uma vez que a atenção do público está constantemente migrando para novos rostos e tendências. Ah, mas não é isso que você percebe no seu dia a dia, né?

Acorda! A população do Brasil, de acordo com as estimativas mais recentes do Instituto Brasileiro de Geografia e Estatística (IBGE), em julho de 2024, era de aproximadamente 212,6 milhões de habitantes. Além disso, o algoritmo das redes sociais mostra somente aquilo que é objeto do seu desejo, dentro do pequeno universo que você segue, ou seja, um mundo lindo para que seja gerada bastante inveja. Mas, saiba, o que você vê não representa a média, é a exceção.

Em termos de empreendedorismo, a realidade não é muito diferente. Embora existam histórias de *start-ups* bilionárias, como o Uber e o Airbnb, que cresceram rapidamente, a grande maioria falha. Dados do Sebrae mostram que, no Brasil, cerca de 30% das empresas fecham suas portas em até cinco anos. Quando o assunto é *start-ups*, a moda do momento, estudos apontam que a grande maioria delas fecha antes de completar cinco anos de existência. Isso evidencia que, mesmo com uma boa ideia inicial, o sucesso sustentável requer mais do que sorte ou velocidade; é necessário planejamento de curto, médio e longo prazos para construir uma estrutura robusta.

A ilusão do *one-hit wonder*

Muitos profissionais que alcançam o sucesso rápido acabam presos no fenômeno conhecido como *one-hit wonder*. Isto é, uma conquista meteórica que não se sustenta a longo prazo, como acontece com os cantores e bandas "de uma música só". No universo corporativo, isso é perigoso. Isso ocorre porque a velocidade, muitas vezes, é inimiga da profundidade.

Uma carreira bem-sucedida deve ser como uma árvore. Suas raízes – que simbolizam as competências, a capacidade de adaptação e a reputação de uma pessoa – precisam crescer lentamente, aprofundando-se com o tempo.

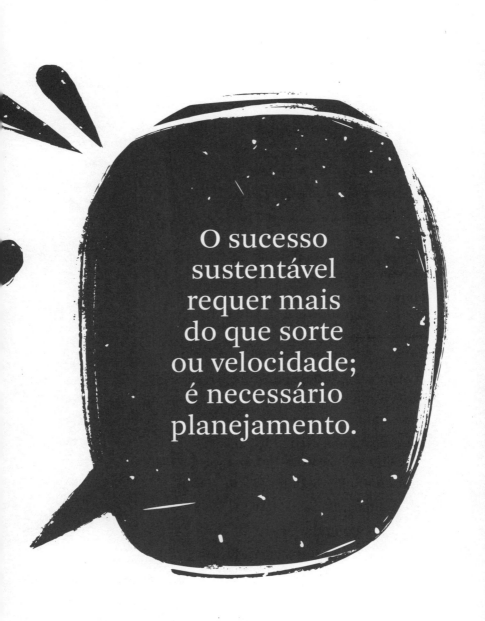

Caso contrário, mesmo um vento fraco pode derrubá-la. Depender de um único "golpe de sorte" ou de um projeto de sucesso pode parecer atraente no curto prazo, mas isso não garante que as portas se manterão abertas no futuro. Cada vez mais a profundidade naquilo que se faz e a bagagem de erros e acertos acumulados vão ditar o tom dos bons profissionais, à medida que são esses ingredientes que contribuem para uma boa gestão em um mundo em constante transformação e mudanças abruptas de comportamentos.

Sucesso sustentável: um processo de construção

Diferentemente da imagem vendida do sucesso instantâneo, as carreiras sólidas são construídas ao longo de décadas. Pesquisas indicam que um profissional leva, em média, dez anos para atingir posições de liderança estratégica em grandes empresas. A razão para isso é clara: construir uma base sólida exige tempo para acumular experiência, desenvolver uma rede de contatos (*networking*) e adquirir conhecimentos profundos e multidisciplinares.

Empresas não buscam profissionais que alcançaram uma vitória rápida, mas aqueles que consistentemente entregam resultados, aprendem e se adaptam.

Em um mercado cada vez mais dinâmico, estima-se que, dos empregos que existirem em 2030, apenas 30% serão empregos existentes nos tempos atuais (no caso, 2025). Isso reforça a importância de não buscar o sucesso imediato, mas construir uma carreira que se adapte às transformações constantes. As habilidades técnicas mudam, porém a capacidade de aprender, de resolver problemas complexos e de lidar com mudanças permanece.

Adaptabilidade: a chave para a alta trabalhabilidade

Em um mercado de trabalho em constante mutação, a *trabalhabilidade* é um conceito mais importante que o sucesso rápido. **Trabalhabilidade? O que é isso?** Você já deve ter ouvido falar muito sobre *empregabilidade*, porém preciso contar que os novos tempos cada vez mais vão nos distanciar da empregabilidade e nos aproximar da trabalhabilidade. Antes de nos aprofundarmos nesse conceito, vamos dar uma pausa para entender a diferença entre esses dois termos?

Empregabilidade nada mais é que a capacidade e o potencial que uma pessoa tem para conseguir um emprego. Já trabalhabilidade é um conceito mais abrangente e se refere à capacidade de uma pessoa gerar trabalho e renda para si mesma, seja como funcionário, freelancer, empreendedor ou autônomo. A empregabilidade está dentro da trabalhabilidade.

Em um mundo em que as relações de trabalho estão mudando muito e cada vez mais a empregabilidade tem sido colocada à prova, para um profissional se manter relevante no longo prazo, ele precisa desenvolver a habilidade de se reinventar continuamente, ou seja, manter-se em um estado de aprendizado constante não é uma escolha, é uma necessidade. A alta trabalhabilidade está ligada a algumas competências-chave, das quais iremos tratar nos próximos capítulos, por exemplo: protagonismo, inovação, aprendizado contínuo, resiliência, manter redes de contatos fortes e flexibilidade.

Os dados que trago aqui não são para desanimar. De jeito nenhum! Eles servem como um alerta, e você precisa desse alerta. As *fake news* do sucesso imediato precisam ser desconstruídas. Principalmente para os mais jovens, que vão encarar um mundo do trabalho cada vez mais complexo e, por isso, precisam construir desde já suas carreiras de forma correta.

No lugar de buscar a glória instantânea, o profissional moderno deve investir em bases sólidas que garantam não apenas um ou dois momentos de sucesso, mas uma trajetória contínua de crescimento. Em um mundo em que tudo muda rapidamente, o que permanece é a capacidade de se adaptar, aprender e construir fundamentos sólidos.

O sucesso rápido pode ser atraente, mas, como mostra a realidade, é a alta trabalhabilidade que garante o sucesso duradouro e uma carreira de alta empregabilidade em qualquer cenário.

Por fim, aqui está o primeiro aprendizado: batalhe diariamente para ter muitas vitórias rápidas, não existe mal nisso, isso é bom, estimula, aumenta a autoestima e fornece mais combustível para seguir, mas não perca um minuto sequer achando que isso é sucesso.

Lembre-se

A vida profissional, assim como todas as áreas da vida, é feita dos sabores das vitórias rápidas, porém, uma carreira consistente, que minimiza os riscos de amanhã você ter uma queda que seja maior do que todas as suas pequenas vitórias anteriores juntas, será feita dos aprendizados acumulados nas vitórias, nas derrotas e nas curvas tortas e confusas da sua trajetória.

2

Esqueça as orientações vocacionais, você mudará todos os dias – e viva bem com isso

Durante décadas, as orientações vocacionais foram vistas como uma bússola indispensável para jovens e adultos que buscavam traçar um caminho claro para suas carreiras. A lógica era simples: identifique seus interesses, faça um teste, siga uma linha reta de formação acadêmica e profissional, e terá uma carreira de sucesso. Porém, à medida que o mundo do trabalho se transformava radicalmente, essa ideia de carreira linear ficou cada vez mais obsoleta. Atualmente, o sucesso não depende de uma rota previamente definida, mas da capacidade de adaptação, reinvenção e flexibilidade. O caminho profissional se parece menos com uma linha reta e mais com uma estrada cheia de curvas e mudanças de direção.

O segredo está em abraçar essa realidade.

A nova realidade do trabalho: não existe uma linha reta

Os números refletem essa mudança. Um relatório do World Economic Forum estima que 65% das crianças que entram hoje na escola primária trabalharão em empregos que ainda não existem. Isso significa que, em vez de focar uma profissão predeterminada, será mais importante que elas desenvolvam uma base de habilidades transferíveis, como resolução de problemas, comunicação e criatividade. As carreiras se tornarão mais não lineares do que nunca.

Além disso, o estudo da Deloitte revelou que profissionais da geração Z esperam mudar de trabalho pelo menos cinco vezes ao longo de sua vida. Esse ciclo de reinvenção é alimentado por novos modelos de trabalho, novas demandas do mercado e, mais importante, pelas mudanças pessoais que ocorrem ao longo da vida.

Esse novo cenário não invalida as orientações vocacionais; na verdade, elas podem indicar um ponto de partida, uma base inicial. No entanto, não podemos mais nos apegar a elas como verdades definitivas. O mundo do trabalho não funciona mais assim, e, talvez mais importante, nós também não.

Carreira como curvas, não linhas retas

A ideia de que a carreira é um caminho linear foi útil para o século XX, mas já não reflete a realidade. Atualmente, as carreiras são feitas de curvas, desvios e mudanças. Em vez de um destino fixo, o que importa é a jornada e a capacidade de se adaptar às circunstâncias mutáveis. Uma pesquisa da consultoria empresarial McKinsey sobre o futuro do trabalho indica que, até 2030, entre 75 milhões e 375 milhões de trabalhadores em todo o mundo precisarão mudar completamente de ocupação por causa da automação e da inteligência artificial. Isso significa que, para a maioria de nós, mudar de direção será inevitável – e isso não é um sinal de fracasso, mas uma prova de evolução.

Se antes a orientação vocacional funcionava para direcionar os profissionais a uma carreira estável e linear, hoje ela deve ser vista apenas como um ponto de partida, não como um roteiro definitivo. É possível que o caminho escolhido no início precise ser abandonado ou ajustado, e isso é normal. Carreiras são cada vez mais uma série de pequenas mudanças incrementais que levam a diferentes caminhos, em vez de uma única linha reta até a aposentadoria.

Reinterpretação da orientação vocacional

Isso nos leva a uma nova forma de interpretar a orientação vocacional. Em vez de buscar uma definição rígida de qual carreira seguir, a orientação vocacional pode ser uma ferramenta inicial para explorar interesses, talentos e valores pessoais. No entanto, é crucial que as pessoas saibam que não precisam se limitar a essa orientação.

O que faz sentido como carreira aos 20 anos pode ser completamente diferente aos 30 ou 40 anos. Portanto, os profissionais precisam estar preparados para reavaliar e ajustar suas trajetórias.

O valor das microtarefas e das habilidades transferíveis

No mundo atual, o segredo para uma carreira sustentável não está nas profissões em si, mas nas microtarefas que realizamos dentro delas. O prazer que vem do trabalho deve ser encontrado nas pequenas atividades diárias, que devem gerar motivação e ter significado, independentemente de qual seja o cargo que estejamos ocupando.

Em um estudo conduzido pela consultoria Gallup, foi identificado que trabalhadores que focam seus pontos fortes – atividades que executam bem e das quais gostam – são seis vezes mais engajados e três vezes mais propensos a relatar uma alta qualidade de vida. Isso sugere que uma das chaves para uma carreira satisfatória e duradoura não está em seguir uma profissão específica, mas em encontrar prazer e competência nas pequenas tarefas que compõem o dia a dia de trabalho.

Essa realidade nos leva a uma reconfiguração do que significa ter sucesso na carreira. Em vez de tentar prever o trabalho do futuro ou seguir rigidamente uma orientação vocacional, o foco deve estar em desenvolver habilidades transferíveis, aquelas que podem ser aplicadas em múltiplos cenários, como pensamento crítico, gestão de pessoas, inovação e adaptabilidade. Profissionais que dominam essas habilidades são capazes de prosperar em qualquer ambiente, independentemente de mudanças tecnológicas ou de mercado.

Por exemplo, uma pessoa que começou sua carreira como designer gráfico pode descobrir que gosta de gestão de projetos ou de análise de dados, áreas que inicialmente podem parecer distantes. O ponto é que o que as pessoas fazem em suas carreiras não precisa ser estático. O que realmente importa é identificar microtarefas que são prazerosas para você e investir nelas, e não se apegar ao rótulo de uma profissão.

As *mad skills*

E aqui é o momento que eu estava esperando para contar a você uma tendência no mundo do trabalho. No século passado, as pessoas eram avaliadas por aquilo que sabiam fazer e entregavam, ou seja, pelas suas competências técnicas, as *hard skills*. Atualmente, já é sabido que, além das competências técnicas, o mundo avalia o modo como você age ao fazer e entregar as coisas no seu trabalho. São as competências comportamentais, as *soft skills*. Mas agora, em um mundo que mistura quem é você no pessoal e quem é você no profissional, um terceiro elemento começa a entrar em cena: as chamadas *mad skills*. E, olha, eu pessoalmente amo esse tema.

Sabe aquele seu *hobby* mais íntimo, as coisas que você mais adora fazer, que não têm absolutamente nenhuma ligação direta com a sua formação ou o seu trabalho? Quando você está nesse ambiente, você sem perceber acaba demonstrando habilidades "extras", que para o novo mundo do trabalho são vistas como habilidades "fora de série". Elas não apenas dizem muito sobre quem você é. Com certeza, elas também lhe ajudam a aprender algo novo e a se desenvolver.

Em um mundo onde o indivíduo é mais importante do que a formação em si, as *mad skills* são uma ferramenta poderosa na hora de o profissional de recursos humanos procurar ter mais elementos sobre quem você é.

Pense bem: um engenheiro, com sua conhecida racionalidade das contas e dos números, mas que tenha como *hobby* estudar e ler sobre filosofia e artes, certamente acaba sendo uma pessoa muito mais sensível. Essa sensibilidade acabará influenciando o modo como ele decide as coisas no dia a dia profissional da engenharia, não?

Pois é, fique atenta, atento, porque o mundo moderno não é sobre a tecnologia, mas sobre as pessoas, sobre quem você realmente é, e isso se dá por um motivo simples: a tecnologia avança tanto que ela deve dominar uma parte importante do pilar das três competências – no caso, as competências técnicas (as *hard skills*). Ou seja, sobram para nós, humanos, as outras duas: as competências comportamentais (as *soft skills*) e as "fora de série" (as *mad skills*).

Adaptação constante: o novo normal

O futuro do trabalho não será sobre quem escolheu a profissão "certa" na juventude, mas sobre quem soube se adaptar melhor às mudanças do mercado. O relatório *The future of jobs*, do World Economic Forum, já estimava em 2020 que 50% de todos os trabalhadores do mundo precisariam de requalificação até 2025, pois as habilidades necessárias para o sucesso estão mudando rapidamente. Ou seja, mais do que escolher uma carreira com base em uma orientação vocacional, o verdadeiro desafio é manter-se relevante e com alta trabalhabilidade em um mundo em constante transformação.

Isso não é uma ideia assustadora, e sim uma oportunidade. Quanto mais cedo os profissionais entenderem que

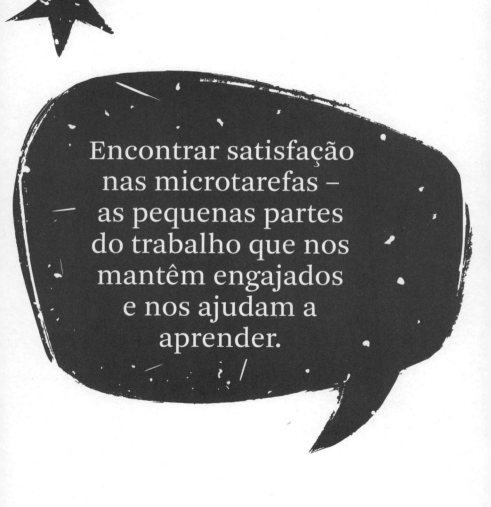

a mudança é inevitável – e que mudar pode ser algo positivo –, mais cedo poderão abraçar a resiliência e a flexibilidade como competências essenciais.

Como vimos, atualmente, a melhor escolha para qualquer pessoa é ser adaptável e encontrar satisfação nas microtarefas – as pequenas partes do trabalho que nos mantêm engajados e nos ajudam a aprender continuamente. O verdadeiro sucesso não vem de uma profissão, mas da capacidade de transformar aprendizado em resultados sólidos, independentemente das mudanças que aparecem.

Lembre-se
Viver bem com a mudança constante é a nova norma, e aqueles que souberem abraçar isso terão carreiras longas e sustentáveis, sempre com novas portas abertas e sempre prontos para o que vier a seguir.

Saber
o que quer
é preciso!

Vivemos em uma era com infinitas possibilidades. No entanto, essa abundância de opções também traz um desafio significativo: a dificuldade de fazer escolhas e de manter o foco. Em um mundo em que o leque de oportunidades está mais amplo do que nunca, saber o que se quer em cada momento é algo poderoso para garantir sucesso profissional e pessoal.

Não se trata de definir um caminho rígido para toda a vida – isso seria impossível –, mas de estabelecer metas claras de curto, médio e longo prazos e se dedicar intensamente a elas, mesmo sabendo que se deve manter certa flexibilidade. O mercado de trabalho exige comprometimento, e a clareza sobre o que se deseja alcançar é o primeiro passo para abrir portas e criar oportunidades.

A sobreposição de possibilidades: o desafio da atualidade

O acesso a tantas oportunidades e informações, em vez de simplificar a vida, muitas vezes causa paralisia. É normal que o excesso de opções cause uma dificuldade na escolha de profissões. Isso não é novidade, sempre foi assim; mas, em um universo em que a cada minuto surge uma nova profissão, uma nova função, em uma velocidade que, como falamos no primeiro capítulo, é absurdamente maior, os jovens atuais terão sempre maior dificuldade nessa escolha.

E eu pergunto, para que ter que escolher agora o que se quer de uma vida? Quem disse que precisa ser assim? Escolha agora o que lhe parece agradável no agora e fique feliz com isso.

Em vez de ter um caminho definido, muitos jovens sentem-se perdidos, sem saber por onde começar. A facilidade de aprender algo novo – seja por meio de cursos on-line, vídeos ou tutoriais – traz a tentação de querer abraçar muitas coisas ao mesmo tempo, resultando em uma dispersão de esforços.

Essa dispersão é muito perigosa. No mercado de trabalho, as empresas buscam profissionais que sabem o que querem e que estão comprometidos com a missão da empresa. A clareza de propósito se traduz em dedicação e foco, características valorizadas por empregadores de todos os setores. A maioria dos empregadores que conheço busca, prioritariamente, candidatos que demonstram um alto nível de compromisso com o trabalho, mais do que habilidades técnicas ou experiência.

Foco no curto prazo: mais uma chave para o sucesso

Embora o futuro seja incerto e as mudanças sejam inevitáveis, saber o que se quer para o momento é importante para alcançar metas tangíveis e abrir novas oportunidades.

A clareza de propósito se traduz em dedicação e foco, características valorizadas por empregadores.

A busca por uma carreira de sucesso não precisa (e, na verdade, não deve) ser uma escolha definitiva que dure para sempre. O importante é ter uma visão clara de onde se deseja estar agora, por que está se dedicando a isso e concentrar todos os esforços para alcançar o objetivo de curto prazo. Ou seja, mesmo diante das transformações e reinvenções constantes que a atualidade exige, o profissional que se destaca é aquele que, em cada etapa da sua jornada, sabe aonde quer chegar em determinada microetapa – e se dedica intensamente a isso.

Ter um foco definido, mesmo que temporário, proporciona uma estrutura mental que facilita a execução e o progresso. Em vez de ficar tentado por uma infinidade de possibilidades, a pessoa que tem clareza de seus objetivos consegue direcionar suas ações de maneira mais eficaz, o que aumenta suas chances de sucesso. Pessoas que estabelecem metas claras de curto prazo têm mais chances de alcançar o que buscam, pois o foco lhes permite ignorar distrações e se concentrar no que é mais importante.

O valor do foco para o mercado de trabalho

Do ponto de vista das empresas, o foco do profissional tem valor incomensurável. Empregadores estão constantemente à procura de pessoas que querem muito estar ali, que demonstram não apenas habilidades técnicas, mas também uma afinidade clara com a cultura da empresa e com o trabalho a ser realizado. Se você, como candidato, sabe claramente o que deseja alcançar com aquela função, essa clareza transmite segurança e dedicação para os recrutadores.

Profissionais que demonstram foco têm maior probabilidade de serem vistos como comprometidos e, portanto, mais preparados para contribuir de forma consistente. Além disso, o foco gera resiliência – a capacidade de continuar investindo tempo e energia mesmo diante de desafios ou reveses –, o que, no mundo competitivo atual, é uma das características mais procuradas pelos empregadores.

Saber o que quer não significa estar preso a uma única rota

Se é verdade que saber o que se quer no curto prazo é essencial, também é verdade que ninguém precisa saber exatamente o que quer para o resto da vida. Em um mundo em constante mutação, a ideia de seguir uma única trajetória profissional até a aposentadoria está cada vez mais distante. O que funciona é saber onde você quer estar agora e estar disposto a ajustar seu curso conforme novas oportunidades ou interesses surgirem.

Segundo o Bureau of Labor Statistics, dos Estados Unidos, os trabalhadores mudam de emprego, em média, doze vezes ao longo da vida. Isso reflete a dinâmica de um mercado profissional em que a mudança é a regra, não a exceção. Por isso, saber o que você quer para determinado momento é essencial. No entanto, não se esqueça de que a flexibilidade para adaptar essa visão no futuro é igualmente importante.

É fundamental não se apegar à ideia de um caminho único. À medida que as carreiras se tornam mais flexíveis e não lineares, o profissional deve estar aberto à ideia de que seu desejo atual pode mudar. Isso não é um sinal de fracasso ou falta de comprometimento, mas uma adaptação natural ao contexto. Lembrando a frase atribuída ao economista John Maynard Keynes, "quando os fatos mudam, eu mudo de ideia". Isso também vale para a carreira.

O perigo de querer tudo

Muitas pessoas, principalmente da geração Z, caem na armadilha de tentar explorar diversas opções ao mesmo tempo, sem definir um foco claro. No entanto, essa falta de clareza leva à dispersão, ao cansaço e, frequentemente, ao sentimento de fracasso.

A pesquisa da McKinsey mostrou que a grande maioria dos profissionais que tentam fazer muitas coisas ao mesmo tempo sente uma diminuição no seu nível de satisfação no trabalho e no desempenho pessoal. Isso ocorre porque o excesso de opções cria a ilusão de que podemos ter sucesso em tudo, quando, na realidade, focar menos tarefas de maneira mais profunda tende a gerar resultados mais satisfatórios.

Portanto, em vez de tentar abraçar o mundo e todas as suas possibilidades, a chave para o sucesso é decidir o que é importante para você *agora* e canalizar sua energia para realizar isso. Viva intensamente e com foco cada momento da sua jornada.

Lembre-se
Com o tempo, novas oportunidades e interesses surgirão e, então, você poderá ajustar seu caminho. Mas, no momento, o foco é o que diferencia os profissionais que realizam daqueles que ficam estagnados.

4

Desconstrua a profissão e construa uma trajetória

Na atualidade, em que o ritmo da inovação tecnológica e as demandas do mercado de trabalho mudam com uma velocidade sem precedentes, há uma verdade que precisamos abraçar: a profissão com a qual começamos muitas vezes não será a que nos levará ao sucesso. Não encare isso como um problema, mas como uma oportunidade. Mais importante do que se prender a um título ou a um campo de atuação é construir uma trajetória sólida, marcada por entregas consistentes, aprendizado constante, ética profissional e, sobretudo, credibilidade pessoal.

Trajetórias sólidas são aquelas que sobrevivem às mudanças de contexto, que se moldam ao ambiente e se reinventam conforme necessário. As profissões, por outro lado, são temporárias. Elas são meros reflexos das necessidades momentâneas do mercado. Portanto, o que constrói a trabalhabilidade de longo prazo não é a profissão que escolhemos, mas o caminho que trilhamos, os valores que defendemos e a excelência com a qual entregamos resultados.

Carreiras fora da profissão original

Eu sou totalmente suspeito para falar desse tema – e, com certeza, isso daria por si só um outro livro –, porque minha carreira é uma estrada cheia de curvas, *loopings* e caminhos que você nem imagina! Este que vos escreve começou a sua carreira profissional fazendo engenharia (influenciado por uma daquelas orientações vocacionais tradicionais de que falamos no capítulo 2), migrou para propaganda e marketing, se formou em direito, depois em *branding*, foi executivo e CEO de diversas organizações do terceiro setor, sócio-fundador de uma HRTech (empresa de tecnologia que desenvolve soluções para otimizar e modernizar processos de recursos humanos) e hoje é executivo de uma organização de emprego jovem, conselheiro de *start-ups* e ONGs, dirigente voluntário de clube social (o Esporte Clube Sírio, que é uma das minhas paixões) e especialista em carreira e "mundo do trabalho" em televisão, rádio e mídias sociais. Tudo a ver, né? Você pode achar que não, mas, sim, no mundo moderno, cada uma dessas coisas tem tudo a ver (só que isso eu deixarei para contar em uma outra oportunidade).

Isso não aconteceu só comigo. Algumas das carreiras mais bem-sucedidas não seguiram um caminho linear. Profissionais de destaque em diferentes setores muitas vezes começaram suas trajetórias em campos completamente distintos, e o sucesso veio não porque se prenderam à sua profissão original, mas porque foram capazes de se adaptar, aprender e construir uma trajetória baseada em valores sólidos e habilidades transferíveis.

Vamos a alguns exemplos de pessoas de sucesso?

* **Howard Schultz:** de barista se tornou CEO da Starbucks. No entanto, não começou sua carreira

no mundo dos cafés. Ele nasceu em uma família de classe média baixa e, após se formar em comunicação, começou sua carreira em vendas na Xerox. Entrou na Starbucks quando era uma pequena empresa de café e a transformou em uma das maiores e mais reconhecidas cadeias de cafeterias do mundo. Schultz é um exemplo de um líder que utilizou habilidades de comunicação e visão para reimaginar uma indústria.

* **Reed Hastings:** formado em matemática, Hastings começou sua carreira como programador e depois de algumas experiências fundou a Netflix. O que começou como um serviço de aluguel de DVDs por correio se transformou na maior plataforma de streaming do mundo. Sua formação em matemática não tinha relação direta com o negócio, mas sua visão inovadora o levou a revolucionar a indústria do entretenimento.

* **Ana Maria Braga:** formada em biologia, trabalhou como jornalista e apresentadora, construindo sua carreira na televisão, e se tornou um dos rostos mais conhecidos do Brasil. O sucesso como apresentadora de programas de culinária e variedades, especialmente o *Mais Você*, não tinha nenhuma relação direta com sua formação inicial.

* **Roberto Justus:** formado em administração, inicialmente trabalhou no setor publicitário e se destacou como empresário. Ganhou notoriedade com o programa de TV *O Aprendiz* e se tornou uma figura pública influente e palestrante, expandindo sua atuação para além da publicidade e do

entretenimento, apesar de não ter formação específica em comunicação ou televisão.

* **Henrique Fogaça:** de estudante de arquitetura e comércio exterior para uma carreira de sucesso no ramo da gastronomia. Ele se tornou um renomado *chef* e empresário, além de jurado do programa *MasterChef Brasil*. Embora sua formação inicial não esteja ligada à gastronomia, Fogaça seguiu sua paixão e, atualmente, é um dos *chefs* mais conhecidos do país.

* **Abilio Diniz:** desde pequeno se envolvia na rotina da doceria do pai, ajudando na produção de doces, no empacotamento e até na entrega dos produtos. Essa vivência o inspirou a escolher sua carreira. Antes de se tornar um dos empresários mais experientes e influentes do mundo, Diniz cogitou ser professor, e, para isso, teria que continuar seus estudos nos Estados Unidos. Chegou a prestar exames para a Universidade de Michigan, mas, quando já estava de malas prontas, seu pai lhe propôs a abertura de um supermercado. Ele teve coragem de deixar pra trás seus planos e se jogou de cabeça no desafio de fundar o primeiro supermercado Pão de Açúcar. O resultado, nem preciso dizer. Hoje são mais de 700 lojas físicas, e o Grupo Pão de Açúcar é um dos líderes do comércio on-line no Brasil.

* **Luiza Helena Trajano:** formada em direito, começou a trabalhar desde jovem na loja da família, Magazine Luiza, e transformou a empresa em uma das maiores redes de varejo do Brasil. Embora sua formação inicial não estivesse ligada a negócios, ela

se destacou como uma das empresárias mais influentes do país e é reconhecida por seu trabalho em gestão e inovação no setor de varejo.

Esses exemplos demonstram que uma das condições para alcançar o sucesso é ter foco para construir uma trajetória sólida – cheia de aprendizado, inovação e flexibilidade – e não se prender a uma profissão. Diversos grandes líderes que se destacaram souberam adaptar-se e crescer além dos limites de sua formação inicial.

A importância de realizações e credibilidade

Uma carreira bem-sucedida não é definida pela área em que se inicia, mas pelas realizações que acumulamos ao longo do caminho. Entregas consistentes e resultados significativos, independentemente do setor, são a verdadeira medida de sucesso. Profissionais que conseguem demonstrar impacto mensurável em suas funções – como aumento de receita, melhoria de processos ou desenvolvimento de equipes – têm muito mais chances de ser promovidos e de ter oportunidades de chegar à liderança.

Mais importante do que acumular títulos é construir uma reputação sólida, baseada na ética, na confiança e na capacidade de entregar bons resultados. Credibilidade também é um ativo que transcende profissões e setores. Executivos consideram a reputação e a confiança como os fatores mais importantes na escolha de líderes para

Uma trajetória é para sempre; uma profissão, não.

cargos estratégicos, mais do que a experiência técnica ou a formação.

Esse conceito de carreira sólida como um conjunto de boas realizações e credibilidade, em vez de uma profissão definida, é o que garante a longevidade do profissional no mercado de trabalho. Em um mundo onde profissões podem desaparecer ou mudar drasticamente, a trabalhabilidade está atrelada à capacidade de demonstrar impacto e ser confiável em qualquer ambiente.

Por isso, desconstruir a ideia de profissão é vital. Uma profissão é apenas parte da equação. O verdadeiro sucesso está na trajetória construída, nas oportunidades que são criadas ao longo do tempo e nas novas habilidades adquiridas. A carreira não é estática, e quem entende isso tem boas chances de desenvolver a flexibilidade necessária para se manter relevante em qualquer cenário.

Ou seja, a era em que a profissão definia a carreira ficou para trás. No lugar dessa visão estática, surgiu a necessidade de construir uma trajetória sólida, fundamentada em valores como ética, resiliência, capacidade de aprendizado e, acima de tudo, entregas consistentes. Em um mercado em que as profissões podem mudar radicalmente de um ano para o outro, quem constrói uma trajetória profissional baseada em credibilidade e realizações duradouras terá sempre alta trabalhabilidade. Uma trajetória é para sempre; uma profissão, não.

Lembre-se
Seja qual for o caminho que você escolher, o sucesso não está no título que você carrega, mas na capacidade de se reinventar, entregar resultados e aprender ao longo de sua jornada. Uma carreira é muito mais do que uma profissão. Ela é a soma de todas as suas experiências, suas conquistas e seus aprendizados.

5

Não planeje sua carreira, planeje procurar problemas para resolver

No mundo atual, em que a incerteza é a única constante, as oportunidades de trabalho e crescimento profissional não surgem mais para aqueles que seguem planos de carreira tradicionais ou que se especializam em uma única área. Hoje, o mercado premia quem está disposto a fazer algo muito mais fundamental: resolver problemas. E, se você tiver as habilidades para isso, vai se manter relevante em um ambiente de trabalho dinâmico; se você souber encontrar soluções, sempre haverá espaço para você.

Este capítulo não trata de como escolher uma profissão ou planejar uma carreira passo a passo. Ele se propõe a oferecer uma perspectiva diferente e poderosa: pare de planejar o caminho que você vai seguir e redirecione o foco em identificar e resolver problemas. Profissionais que adquirem a mentalidade de "resolvedor" terão, de forma garantida, novas oportunidades surgindo a todo momento.

O mundo pertence a quem resolve problemas

Em uma época marcada pela rápida transformação digital, mudanças constantes nas demandas de mercado e pela complexidade crescente das relações sociais e profissionais, as organizações e as pessoas estão sempre enfrentando desafios novos e inesperados. De acordo com o relatório "The Future of Jobs Report 2025" do Fórum Econômico Mundial, a resolução de problemas complexos está entre as competências mais valorizadas no mercado de trabalho atual, superando até mesmo competências técnicas ou de liderança tradicionais.

A verdade é simples: sempre que existe um problema, existe uma oportunidade de crescimento e, claro, uma oportunidade de trabalho. Resolver problemas é a moeda do futuro. Se uma empresa tem dificuldade em gerir suas finanças e você oferece uma solução eficaz, você é mais do que um especialista financeiro, é um resolvedor. Se um cano quebra perto de você, ali surge uma oportunidade de resolução de um problema, e para quem resolver existirá uma compensação financeira. Assim como você também está sendo um resolvedor quando facilita o aprendizado de quem quer adquirir uma nova habilidade.

A capacidade de ver os problemas ao seu redor como oportunidades, e não como obstáculos, faz com que o resolvedor de problemas se torne indispensável.

O perfil do resolvedor de problemas

Se você deseja construir uma carreira baseada na resolução de problemas, é essencial desenvolver um perfil comportamental que favoreça essa mentalidade. As principais características de quem encontra soluções incluem:

1. *Abertura de mente*

O resolvedor de problemas sabe que, assim como o mundo está mudando rapidamente, os problemas também estão. Um obstáculo de hoje não será o mesmo de amanhã. Por isso, para se destacar, é necessário ter uma mentalidade aberta, disposta a abraçar desafios que podem não estar diretamente relacionados à sua área de especialização. Muitas vezes, não é necessário ser o maior *expert* em um tema, mas ter a coragem de pegar o problema de alguém e fazer dele o seu.

Empresas estão procurando profissionais que demonstrem flexibilidade e adaptabilidade. O estudo "Tech Trends 2023" aponta que a flexibilidade é uma habilidade essencial na reimaginação da força de trabalho. Isso reforça a importância de ter uma visão ampla e não se limitar a resolver apenas os problemas que estão dentro de sua área de atuação.

2. *Coragem para enfrentar o desconhecido*

Resolver problemas não é sobre ter todas as respostas prontas, mas sobre estar disposto a descobrir as respostas ao longo do caminho. Profissionais bem-sucedidos são aqueles que não têm medo de assumir a responsabilidade ao enfrentar um desafio, mesmo que inicialmente não saibam como resolvê-lo. A inteligência emocional é fundamental nesse momento, para ter a capacidade de gerenciar suas emoções, manter a calma diante de problemas complexos e ter a perseverança necessária para encontrar soluções.

Segundo Daniel Goleman, o psicólogo que popularizou o conceito de inteligência emocional, a autoconfiança e a capacidade de assumir responsabilidades são elementos importantes para quem deseja se destacar em ambientes desafiadores. Profissionais com alta inteligência emocional não fogem de problemas; eles os acolhem, enfrentam os desafios e encontram soluções criativas.

3. Empatia e habilidade de conectar-se com os outros

Resolver problemas não envolve apenas lógica e raciocínio. Muitas vezes, é necessário ter empatia e habilidade de se colocar no lugar do outro. Isso significa entender profundamente o problema, ver como ele afeta as pessoas envolvidas e encontrar soluções que sejam não apenas eficazes, mas que também resolvam as dores dos outros.

Empresas como Google e Apple, por exemplo, sempre enfatizaram a empatia no desenvolvimento de seus produtos. Ao se concentrar nas necessidades e nos problemas de seus usuários, elas criaram soluções que revolucionaram seus mercados. Em um contexto pessoal, ser capaz de ouvir, compreender e oferecer uma solução que vai além da superfície da situação é o que distingue um verdadeiro resolvedor de problemas.

4. Proatividade

O resolvedor de problemas não espera que as questões apareçam para agir. Ele é proativo e está sempre em busca de desafios. Ao perguntar constantemente "Qual o problema que você tem que eu posso resolver?", esse profissional está abrindo portas para novas oportunidades. Ele não precisa esperar que um cargo formal seja oferecido para atuar; ao identificar uma área com alguma necessidade, ele já começa a buscar soluções e, assim, demonstra seu valor.

Se você conversar com qualquer líder atual, saberá que a proatividade é uma das características mais importantes de um funcionário de alto desempenho. Resolver problemas não é algo passivo; requer ação, o que, muitas vezes, exige que o profissional tome a iniciativa antes que seja formalmente solicitado. Isso vale ainda mais em um mundo em que as relações de trabalho sofrem mutação diariamente. Tomar a iniciativa é o que fará você conseguir aumentar sua trabalhabilidade (lembra desse conceito?).

Problemas são oportunidades disfarçadas

Ao longo de sua carreira, você encontrará muitos problemas. Alguns parecerão insolúveis; outros, pequenos e corriqueiros. Mas em todos eles haverá uma oportunidade, uma chance de se destacar, de aprender algo novo, de criar valor. Resolver problemas não é uma tarefa ingrata. Na verdade, é o que garante que você sempre terá trabalho e oportunidades no futuro.

No estudo realizado pela Gallup, ficou claro que os trabalhadores mais bem-sucedidos não são aqueles que simplesmente seguem suas descrições de cargo, mas aqueles que identificam problemas e os resolvem de maneira eficaz. Esses profissionais são 18% mais propensos a ser promovidos do que aqueles que permanecem focados exclusivamente em suas responsabilidades predefinidas.

Além disso, problemas são oportunidades porque não faltam problemas no mundo. Em um cenário onde as mudanças tecnológicas, sociais e econômicas estão ocorrendo em uma velocidade sem precedentes, novos desafios surgem todos os dias. Desde a integração de novas tecnologias em empresas tradicionais até questões sociais complexas, como desigualdade e sustentabilidade, quem estiver apto a oferecer soluções para mitigar essas questões sempre terá uma oportunidade de se desenvolver.

Problemas e inovação

Muitos dos maiores avanços da humanidade vieram da resolução de problemas complexos. Elon Musk, por exemplo, construiu sua carreira resolvendo problemas em diversas indústrias: pagamentos digitais (PayPal), transporte sustentável (Tesla) e exploração espacial (SpaceX). O que o diferencia não é apenas sua formação acadêmica em economia e física, mas principalmente sua capacidade de identificar problemas complexos e desenvolver soluções criativas e ousadas. Em vez de seguir um plano de carreira tradicional, Musk percorreu uma trajetória movida por propósito, visão de futuro e inovação radical – e tornou-se um dos empresários mais transformadores da história recente.

O futuro pertence aos resolvedores de problemas

Não planeje sua carreira. Planeje procurar problemas para resolver. Em um mundo incerto e em constante mudança, as oportunidades estarão sempre onde houver desafios. Profissionais que se destacam não são aqueles que seguem um caminho predeterminado ou que se especializam em uma única área, mas aqueles que estão dispostos a assumir responsabilidades, a enfrentar o desconhecido e a encontrar soluções eficazes para as dificuldades ao seu redor.

A mentalidade de resolver problemas transforma você em alguém indispensável. Sempre terão espaço para aqueles que podem aliviar suas dores, melhorar seus processos e ajudar seus clientes.

Tenha em mente que os problemas mudarão constantemente, assim como as soluções. Mas, se você adotar uma postura proativa e abraçar os desafios, sempre haverá uma nova oportunidade à sua espera.

Lembre-se
Na próxima vez em que deparar com um desafio, veja-o como uma oportunidade, não como um fardo. Desenvolva a inteligência emocional, a proatividade e a empatia necessárias para ser o resolvedor de problemas de que o mercado de trabalho precisa. Se fizer isso consistentemente, garantirá não apenas sua trabalhabilidade mas também sua relevância em um mundo onde o sucesso pertence àqueles que enfrentam os desafios, e não àqueles que os evitam.

6

Surfe as ondas do momento, com coragem de cair e levantar

Você já percebeu que, com tantas oportunidades inesperadas surgindo a todo momento, ficar parado é a maior limitação que você pode impor a si mesmo. Nada acontece enquanto se espera, sentado, que as coisas se desenrolem por conta própria. Se há algo que diferencia aqueles que conseguem crescer, inovar e se reinventar dos que ficam estagnados, é a disposição para se jogar, mesmo sem ter todas as respostas. Oportunidades surgem para quem está em movimento, para quem vai atrás do que deseja, aceita os desafios e aprende no processo. O grande segredo do sucesso no mundo atual não é evitar o fracasso, mas aprender com ele e seguir adiante, surfando cada nova onda com coragem.

Oportunidades não esperam, elas aparecem quando você está em movimento

Se esperar estar totalmente preparado ou preparada antes de assumir novos desafios, você perderá diversas oportunidades. Muitos dos grandes líderes e inovadores não sabiam exatamente o que estavam fazendo no início de suas carreiras. Eles aprenderam no caminho.

Um exemplo clássico disso é Richard Branson, fundador do Virgin Group, que começou sua carreira aos 16 anos com uma revista chamada *Student*. Ele tinha pouca experiência, mas tinha muita disposição para tentar e aprender enquanto fazia. Hoje, Branson é responsável por mais de quatrocentas empresas em diferentes setores, de aviação a telecomunicações, graças à sua disposição para surfar novas ondas e arriscar, mesmo sem garantias de sucesso.

De acordo com uma pesquisa realizada pelo LinkedIn Learning em 2024, 83% dos executivos acreditam que o mundo atual valoriza mais a habilidade de aprender rapidamente do que o conhecimento técnico. Isso significa que aprender enquanto se está realizando algo é outra chave para o sucesso. Esperar pelo momento perfeito ou estar totalmente preparado só vai atrasar seu crescimento. Diga *sim* às oportunidades, mesmo que pareçam desafiadoras ou assustadoras.

A coragem de cair e levantar: o combustível do crescimento

Todo mundo que se dispõe a se jogar em novas experiências vai eventualmente cair. É inevitável. Mas é justamente a capacidade de se levantar e aprender com os erros que diferencia as pessoas que crescem daquelas que ficam estagnadas. Elon Musk é um exemplo perfeito disso. Antes de ser reconhecido como um dos maiores visionários do século, Musk enfrentou diversos fracassos, tanto com a Tesla quanto com a SpaceX. No entanto, cada vez que uma tentativa falhava, ele aprendia com o erro, ajustava sua estratégia e seguia em frente. Hoje, lidera duas das empresas mais inovadoras do mundo, mas isso só foi possível porque teve a coragem de cair e se levantar repetidas vezes.

A coragem de arriscar e enfrentar o medo do fracasso é o que leva a novas descobertas e inovações. O fracasso, na verdade, não é o fim, mas uma parte essencial do processo de aprendizado. Profissionais que se jogam em novas experiências, sem medo de falhar, estão construindo a base de um crescimento consistente e sólido.

O medo paralisa, a coragem liberta

Muitas vezes, o medo de fracassar ou de parecer incompetente diante de um novo desafio impede as pessoas de aproveitar as oportunidades que surgem. Mas, como já vimos, os maiores líderes e inovadores não esperaram estar prontos antes de se arriscar. Entenda que coragem não é a ausência de medo, mas a disposição de agir *apesar* do medo. Se você quer crescer e criar uma carreira significativa, precisa aprender a dizer *sim* a novos desafios, mesmo que com medo ou insegurança.

Como disse a escritora e professora Brené Brown, conhecida por seus estudos sobre vulnerabilidade e coragem, "coragem é se expor ao risco sem garantias". E é exatamente isso que você precisa fazer: se expor ao risco, aceitar que haverá falhas no caminho, mas entender que é por meio dessas experiências que o verdadeiro crescimento ocorre.

Por exemplo, Jeff Bezos, fundador da Amazon, foi reconhecido por sua habilidade de assumir riscos calculados e estar sempre em busca de novas oportunidades. Quando fundou a Amazon, ele não tinha experiência prévia no varejo on-line. No entanto, Bezos tinha a mentalidade de experimentar e aprender, o que foi crucial para transformar a pequena loja de livros on-line na maior varejista do mundo. A sua capacidade de ser resiliente diante dos fracassos e de aprender rapidamente em novos cenários é o que realmente moldou seu sucesso.

Atividades paralelas e voluntárias: experiências que moldam

O atual mercado de trabalho valoriza mais do que diplomas e títulos, ele valoriza experiências diversificadas. Fazer atividades paralelas, voluntárias ou participar de projetos fora do seu escopo profissional são algumas das maneiras mais poderosas de adquirir novas competências e ganhar visibilidade. Satya Nadella, CEO da Microsoft, atribui parte de seu sucesso ao fato de sempre ter participado de projetos paralelos dentro e fora da empresa, desenvolvendo um conjunto de habilidades e experiências que o ajudaram a se adaptar ao mercado tecnológico em constante evolução.

O voluntariado, por exemplo, é uma forma de surfar novas ondas sem o medo de perder algo. Além de gerar impacto social positivo, as experiências voluntárias fornecem um ambiente para desenvolver novas habilidades e ganhar confiança para enfrentar desafios. Um estudo da

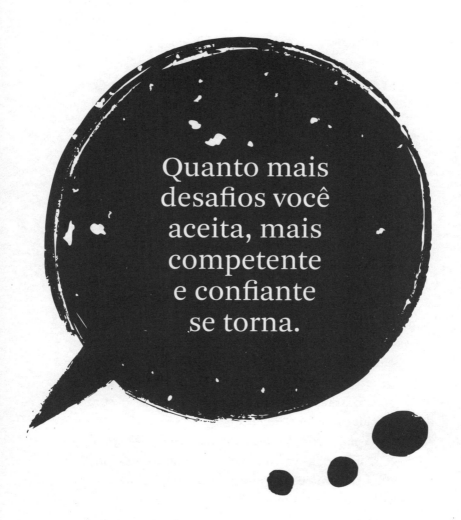

Corporation for National and Community Service revelou que pessoas que fazem trabalho voluntário têm 27% mais chances de conseguir emprego do que aquelas que não o fazem, em grande parte porque demonstram iniciativa e estão dispostas a aprender em diferentes contextos.

Encare cada desafio como uma nova onda

Encarar novos desafios é como surfar uma onda desconhecida. No começo, você pode não saber exatamente como vai terminar, mas, ao se jogar na empreitada, adquire habilidades que jamais teria aprendido de outra forma. E, assim como no surfe, pode cair, engolir um pouco de água, mas a próxima onda sempre estará à sua disposição para que tente novamente, dessa vez com mais experiência e confiança.

Quanto mais desafios você aceita, mais competente e confiante se torna. Cada nova experiência contribui para o seu crescimento, cada pequeno fracasso ensina algo valioso e cada vitória aumenta sua capacidade de encarar desafios ainda maiores no futuro.

O maior erro que você pode cometer é não tentar.

Portanto, o segredo para o sucesso em um mundo de mudanças rápidas e oportunidades fugazes é também estar em constante movimento. Surfe as ondas do momento com coragem, mesmo que isso signifique cair algumas vezes. A cada nova onda que pega, cada desafio que aceita, você se torna mais forte, mais experiente e mais preparado para o próximo passo.

Lembre-se

Diga *sim* aos desafios, mesmo que não se sinta plenamente seguro. Se jogue, arrisque e confie no processo de aprendizado que ocorre no caminho. Use cada experiência – seja em atividades paralelas, projetos voluntários ou novos desafios no trabalho – como uma oportunidade de crescer e evoluir. E, acima de tudo, tenha a coragem de levantar sempre que cair. Isso é o que vai definir sua trajetória e garantir que continue a surfar as grandes ondas da vida.

7

Pare de pôr o pé no "rasinho" e mergulhe na piscina funda

Vivemos em tempos de superficialidade. As redes sociais estão repletas de opiniões rasas, textos curtos e reflexões rápidas. No mercado de trabalho, muitos profissionais saltam de uma oportunidade para outra sem nunca se aprofundarem no que realmente estão fazendo. Há uma pressa constante em buscar o próximo passo, em se manter atualizado com as últimas tendências, mas, ironicamente, pouco esforço é feito para entender profundamente o que de fato importa. O problema não está no tempo, mas na profundidade. Estamos colocando o pé no "rasinho", evitando as águas mais profundas por medo do esforço que um mergulho requer. No entanto, é exatamente nesse mergulho que o sucesso se encontra.

A superficialidade do mundo

Temos acesso a uma quantidade imensa de informações, mas essa abundância não significa qualidade. A superficialidade se tornou padrão. Ler manchetes virou sinônimo de estar informado. No trabalho, muitos se limitam a fazer o básico, a entregar o mínimo necessário, sem nunca explorar as profundezas de um projeto ou de um problema. Queremos resultados rápidos, o caminho mais fácil, o atalho. No entanto, essa superficialidade traz apenas sucessos temporários e efêmeros.

Conversando diariamente com os principais gestores do país, é quase unânime a crença de que grande parte dos seus colaboradores não se aprofunda suficientemente em suas tarefas. A maioria tenta apenas "cumprir" o que lhe foi solicitado, sem explorar as oportunidades de aprendizado e crescimento que surgem ao longo do caminho. Isso pode parecer eficiente no curto prazo, mas o sucesso de verdade – aquele que sustenta carreiras longas e gratificantes – depende de um mergulho mais profundo.

O poder do mergulho profundo

Mergulhar profundamente em um tema significa comprometer-se com o aprendizado real. Não basta uma visão superficial do assunto. É preciso investigar, fazer perguntas, entender o contexto, conhecer as nuances. Quando se dedica verdadeiramente a aprender e explorar um tema ou um projeto, você se diferencia automaticamente da grande maioria, que prefere ficar apenas na superfície.

O que diferencia um *expert* de um amador? O tempo que ele dedicou ao mergulho profundo. Profissionais que se aprofundam em uma área específica de conhecimento têm mais chances de alcançar posições de liderança do que aqueles que permanecem em uma abordagem superficial. Isso ocorre porque esses profissionais são capazes de entregar soluções para problemas mais complexos, enxergar além do óbvio e trazer inovações que nascem do conhecimento profundo e bem fundamentado.

A *metáfora da piscina funda*

Entrar em uma piscina funda não é fácil. Isso exige mais do que simplesmente molhar os pés na borda. Mergulhar a fundo demanda fôlego, exige esforço e pode deixar você sem ar por um tempo. Mas esse desconforto inicial é o que leva ao verdadeiro aprendizado, ao crescimento genuíno. E só o nadador que se desafia a ir mais fundo, que explora as profundezas, aonde a maioria das pessoas não tem coragem de ir, é quem alcança a recompensa.

Bill Gates, por exemplo, é conhecido por sua capacidade de mergulhar profundamente nos temas que o interessam. Mesmo quando era CEO da Microsoft, Gates dedicava longos períodos ao que ele chamava de "semanas de leitura", quando mergulhava intensamente no estudo de novos tópicos. Esse compromisso com o aprofundamento foi o que lhe permitiu identificar tendências tecnológicas e sociais antes dos concorrentes, e posicionar a Microsoft como líder de mercado por décadas.

Da mesma forma, Angela Merkel, ex-chanceler da Alemanha, era conhecida por seu estilo de liderança meticuloso e profundo. Como cientista de formação, Merkel tinha o hábito de investigar detalhadamente qualquer questão antes de tomar uma decisão importante. Esse nível de profundidade em seu processo de pensamento e análise foi crucial para sua longa permanência no poder e para sua reputação como uma das líderes mais respeitadas no cenário global.

O aprofundamento como diferencial no mercado

O mercado atual é um ambiente competitivo, e a maioria dos profissionais busca uma maneira de se destacar. A solução não está apenas em ser mais rápido ou mais eficiente, mas em ser mais profundo. Profissionais que são capazes de entender um problema nos mínimos detalhes e propor soluções inovadoras são aqueles que conquistam a confiança e a admiração de seus colegas e líderes.

De acordo com o relatório da Deloitte, empresas de alto desempenho valorizam muito mais funcionários que são capazes de resolver problemas complexos com profundidade do que aqueles que se limitam a seguir procedimentos sem questioná-los. Isso significa que mergulhar a fundo não é apenas uma habilidade desejável, é necessário para quem busca alta relevância e crescimento.

Aqueles que estão dispostos a investir tempo e energia para entender verdadeiramente os problemas que enfrentam acumulam não apenas conhecimento, mas experiência. E essa experiência, uma vez desenvolvida, é transportável para qualquer outra área. Ao aprender a nadar na piscina funda de um tema, você se prepara para mergulhar em outros contextos, enfrentando novos desafios com mais confiança e competência.

Mergulhe em piscinas diferentes

O grande benefício de mergulhar fundo é que, quanto mais se faz isso, mais habilidades transferíveis se adquire. Você não precisa limitar seus mergulhos a uma única área ou disciplina. Na verdade, quanto mais piscinas diferentes explorar, mais valioso se torna, pois suas experiências se acumulam e expandem sua capacidade de raciocínio crítico e de solução de problemas.

Por exemplo, ao mergulhar profundamente em um projeto de gestão financeira, você não só adquire conhecimentos técnicos sobre finanças como também aprende sobre planejamento estratégico, gestão de recursos e análise de risco – habilidades que podem ser aplicadas em várias outras áreas. Se mergulhar em um projeto de gestão de pessoas, desenvolverá competências em liderança, inteligência emocional e colaboração. Todas essas experiências se somam e formam a base de uma carreira mais completa e adaptável.

Muitas vezes, as pessoas mudam rapidamente de trajetória e ficam presas em um ciclo de superficialidade. Elas acreditam que o segredo do sucesso está em seguir a próxima grande tendência. No entanto, o verdadeiro sucesso vem para quem se aprofunda em cada oportunidade que surge, mesmo que ela pareça passageira. Um trabalho de curto prazo, quando abordado com dedicação e profundidade, pode ser uma grande fonte de aprendizado que impulsiona sua carreira no longo prazo.

A profundidade requer coragem

Mergulhar a fundo dá trabalho. Requer esforço mental e emocional. É preciso estar disposto a enfrentar a fadiga, a frustração de não entender algo de imediato e a pressão

Quanto mais mergulhar, mais conhecimento, experiência e habilidades acumulará.

de fazer perguntas que nem sempre têm respostas fáceis. Contudo, a recompensa vem em médio e longo prazo. Aprofundar-se em um tema, projeto ou habilidade é o que constrói credibilidade e confiança no mercado.

O grande desafio é que, no mundo de hoje, tudo parece conspirar para nos manter no raso. A pressa constante e a enxurrada de informações nos encorajam a apenas arranhar a superfície do conhecimento. Mas se você quer ser relevante, e que as pessoas lhe vejam como uma pessoa respeitada e competente, precisa ser diferente. Precisa ser um tipo de profissional que vai além, que está disposto a tomar fôlego e mergulhar na piscina mais funda, onde os verdadeiros *insights* e oportunidades se escondem.

O sucesso está no fundo da piscina

Como vimos, no mercado de trabalho, o sucesso não está na superfície. Ele não é conquistado com atalhos ou com um conhecimento superficial. Ele está no fundo, aonde poucos se arriscam a ir. Aqueles que se destacam, que crescem e que realmente fazem a diferença são os que têm coragem de mergulhar nas profundezas, de explorar os detalhes, de aprender verdadeiramente.

Por isso, deixe de lado o medo de se afogar e comece a se aprofundar em cada oportunidade que você tiver. Quanto mais mergulhar, mais conhecimento, experiência e habilidades acumulará. E, com o tempo, todas essas experiências somadas serão a base para uma carreira sólida, cheia de realizações e aprendizados.

Lembre-se
O verdadeiro crescimento vem da profundidade, e o sucesso duradouro pertence àqueles que têm coragem de se dedicar com afinco a cada desafio que encontram.

8

Não invente prato novo se o arroz com feijão ainda está ruim

Em um mundo onde todo mundo parece obcecado por inovação, por criar o próximo grande produto ou serviço, é fácil esquecer que o verdadeiro sucesso muitas vezes não vem de uma grande invenção, mas de fazer o básico bem-feito. O "arroz com feijão" – ou seja, os fundamentos –, quando executado de forma eficiente e consistente, pode ser tão transformador quanto qualquer inovação tecnológica. Não adianta tentar criar um prato sofisticado enquanto o básico ainda não está no ponto.

A pressa de inovar sem uma base sólida

A palavra "inovação" parece estar na ponta da língua de todo mundo. Empresas querem produtos revolucionários, profissionais buscam novas ideias e abordagens inéditas, e o mercado parece recompensar quem é disruptivo. No entanto, inovar não significa somente criar algo. Muitas vezes, a verdadeira inovação está em fazer muito bem o básico.

Uma analogia que podemos fazer é a da construção de um prédio: você não pode construir a cobertura se os alicerces não estiverem robustos. Ou seja, antes de pensar nas inovações ou nas estratégias revolucionárias, é essencial garantir que as fundações do negócio ou da carreira estão bem estabelecidas e funcionando adequadamente. Qualquer edifício construído sobre uma base frágil está fadado a desmoronar.

Exemplos de sucesso no básico bem-feito

Se olhar para empresas e profissionais de grande sucesso, perceberá que muitos deles não começaram lançando algo completamente inovador, mas fazendo o básico de forma impecável. Vamos ver alguns exemplos.

1. McDonald's: o poder do arroz com feijão bem-feito

O McDonald's é um exemplo clássico de como o sucesso pode vir do simples feito de forma extraordinária. O modelo de negócios da rede de *fast food* não é inovador no sentido de ter criado algo completamente novo – lanches rápidos já existiam antes. No entanto, o que o McDonald's fez foi aperfeiçoar o básico: eles padronizaram o processo, garantiram eficiência no atendimento, consistência nos produtos e excelência logística. Tudo foi feito de forma tão bem organizada e eficiente que o sucesso foi uma consequência natural. Eles não estavam elaborando um novo tipo de comida, estavam fazendo o básico tão bem que nenhum concorrente conseguia competir na mesma escala e consistência.

2. Apple: o simples e funcional

Quando pensamos na Apple, associamos a marca à inovação tecnológica. No entanto, Steve Jobs sempre enfatizou que a filosofia da empresa não era apenas inventar produtos, mas fazer o simples funcionar muito bem. O iPhone, por exemplo, não foi o primeiro *smartphone* a ser lançado, mas foi o primeiro a executar o básico – ligações, mensagens, e-mails e navegação na internet – de maneira tão intuitiva e funcional que revolucionou o mercado. A Apple aprimorou os fundamentos dos *smartphones* tornando seu uso mais fácil e eficiente para o usuário final.

Esses exemplos mostram que o verdadeiro sucesso não está na busca frenética por algo novo a todo momento, mas em fazer o que precisa ser feito da melhor maneira possível. Isso é, em si, uma forma de inovação.

O valor do básico bem-feito no mundo profissional

No ambiente de trabalho, as pessoas muitas vezes querem avançar rapidamente, ser promovidas e assumir novas responsabilidades antes de dominar suas funções atuais. No entanto, o verdadeiro crescimento começa quando você é capaz de executar o básico com maestria. Muitos gestores relatam que os maiores problemas em suas equipes não são por causa da falta de inovação, mas da incapacidade de realizar tarefas básicas de forma eficiente.

Isso é comprovado por um estudo publicado na *Harvard Business Review* em 2022 que aponta que 67% dos líderes atribuem a maior parte das falhas organizacionais à incapacidade de executar processos fundamentais com excelência. Isso significa que, antes de pensar em grandes mudanças, é essencial garantir que o arroz com feijão esteja perfeito. Fazer o trabalho básico bem-feito é o que sustenta o sucesso no longo prazo, seja em uma empresa ou em uma carreira.

O desafio do mergulho no básico

Engana-se quem pensa que fazer o básico bem-feito é fácil. Na verdade, isso é um dos maiores desafios profissionais porque requer consistência, atenção aos detalhes e disciplina. É muito mais fácil se distrair na execução daquilo que é essencial, naquilo que é feito quase "automaticamente", sem dar a devida atenção se isso está sendo realizado com excelência, do que em uma nova ideia, que a princípio pode empolgar mais.

O básico bem-feito também demanda paciência. Muitos profissionais e empresas querem resultados rápidos, mas o verdadeiro sucesso, aquele construído para durar, depende de fazer os fundamentos muito bem, repetidamente. Isso pode ser frustrante no começo, mas é o que diferencia aqueles que alcançam o sucesso duradouro daqueles que têm apenas lampejos momentâneos de triunfo.

A inovação como aperfeiçoamento do básico

Inovar não significa apenas criar algo totalmente do zero. Inovar também pode significar aprimorar o que já

existe, tornando-o mais eficiente, mais funcional ou mais fácil de ser executado. Muitas das empresas e profissionais considerados inovadores são aqueles que olham para os fundamentos e pensam: "Como posso fazer isso melhor?".

Na Toyota, uma das maiores empresas automotivas, a filosofia de inovação não é inventar um novo carro todo ano, mas aprimorar continuamente o processo de produção. Esse princípio, chamado *kaizen*, é uma filosofia japonesa que promove a melhoria contínua, por meio de pequenas mudanças diárias, com o envolvimento de todos na organização. O *kaizen* é um dos pilares do Sistema Toyota de Produção e resulta em processos altamente eficientes, redução de desperdícios e qualidade consistente. Essa abordagem transformou a Toyota em sinônimo global de excelência operacional.

O básico bem-feito é a verdadeira inovação

O sucesso sustentável e de longa duração não vem de inovações frenéticas ou de invenções constantes. Ele surge ao se garantir que os fundamentos estão sólidos, que o básico está sendo executado com maestria. As empresas que se destacam, os profissionais que crescem e os líderes que se tornam referências não são aqueles que correm atrás de cada nova tendência, mas aqueles que dominam o básico, o fazem de maneira exemplar e estão constantemente verificando como podem aprimorá-lo.

Lembre-se
Inovar é importante, mas não invente um prato novo se o seu arroz com feijão ainda está ruim. Aperfeiçoe o essencial e construa uma base robusta, então estará pronto para qualquer coisa que venha a seguir.

9

Vai ter
muita queda,
vai doer,
mas vai
fazer bem

Não importa quão preparado ou preparada esteja, as quedas são inevitáveis. Vai doer, vai deixar cicatrizes, mas, no fim das contas, é exatamente isso que vai fazer você ficar mais forte para enfrentar os próximos desafios. Em um mundo que valoriza a perfeição e celebra o sucesso instantâneo, a queda ainda é vista como um fracasso a ser evitado a qualquer custo. No entanto, a verdade é que elas são parte essencial da jornada. Resiliência não significa nunca cair, e sim a capacidade de se levantar mais forte e mais sábio ou sábia a cada queda.

A resiliência de que precisamos

Resiliência é uma das principais competências que alguém pode ter hoje em dia. Isso não significa apenas aguentar os desafios, mas encará-los de forma leve e natural, sabendo que as quedas fazem parte do caminho. Quando você entende que elas são inevitáveis, passa a vê-las como ferramentas de aprendizado. Não há mais aquela paralisia diante do erro ou do fracasso; ao contrário, cada tropeço se torna uma oportunidade para se fortalecer e amadurecer.

É natural que, ao cair, você se machuque. E está tudo bem sentir dor, afinal, somos humanos. Mas o que diferencia as pessoas que avançam daquelas que ficam estagnadas é a mentalidade diante da queda. A resiliência surge da capacidade de não supervalorizar os fracassos. É sobre entender que eles são passageiros, e que esses momentos não definem quem você é. Você não é o seu erro, é o que faz depois dele.

Grandes líderes que caíram e se levantaram

Muitos dos maiores líderes e visionários do mundo fracassaram antes de alcançar o sucesso. Suas histórias são um exemplo claro de que as quedas não são o fim, mas uma parte necessária do processo de evolução.

1. Walt Disney: o homem que fracassou antes de criar um império

Walt Disney, antes de fundar a Disney, fracassou várias vezes, inclusive foi demitido de um jornal por "falta de criatividade". Seus primeiros negócios falharam, e ele chegou a viver em uma garagem. Mas, com resiliência, continuou tentando. Cada derrota o ensinou algo novo e o motivou a aprimorar suas ideias. Hoje, o nome Disney é sinônimo de sucesso global, mas sua trajetória foi construída sobre muitas quedas.

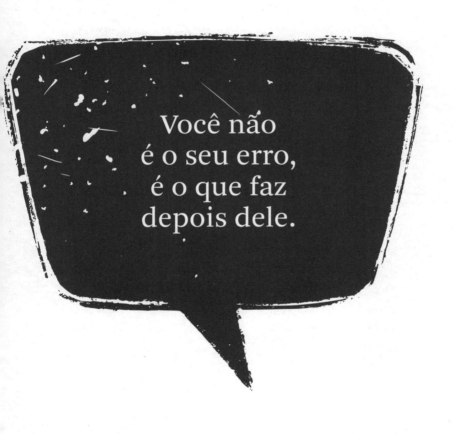

2. Steve Jobs: expulso de sua própria empresa

Steve Jobs, cofundador da Apple, foi expulso da própria empresa que ajudou a criar. Após desentendimentos com a diretoria, ele foi afastado, o que foi um grande golpe em sua carreira e autoestima. No entanto, usou essa experiência dolorosa para fundar a NeXT e investir na Pixar, duas empresas que moldaram a indústria da tecnologia e do entretenimento. Anos depois, voltou à Apple e a transformou em uma das empresas mais valiosas do mundo. Jobs é o exemplo claro de que as quedas podem ser a fonte de seus maiores triunfos, desde que você tenha a resiliência para seguir em frente.

3. Oprah Winfrey: de demitida a bilionária

Oprah Winfrey, uma das mulheres mais influentes do mundo, também enfrentou uma grande queda no início de sua carreira. Ela foi demitida de seu primeiro emprego como apresentadora de TV. No entanto, essa experiência não a impediu de continuar. Com uma determinação incansável, Oprah se reinventou, conquistou seu próprio programa e construiu um império de mídia. A queda inicial foi apenas o primeiro degrau de uma carreira que a transformou em ícone global.

As quedas que fortaleceram empresas

As quedas não são exclusivas de indivíduos; grandes empresas também enfrentam fracassos em suas trajetórias. O que diferencia as empresas bem-sucedidas das que não sobrevivem é a capacidade de aprender com os erros, se recuperar e continuar ainda mais fortes.

1. Netflix: de tentativa de venda ao sucesso global

A Netflix, hoje um gigante do streaming, nem sempre foi a empresa poderosa que conhecemos. Em seus primeiros anos, ela prestava serviço de aluguel de DVDs pelo correio e enfrentava grandes dificuldades financeiras. Em 2000, Reed Hastings, o fundador, tentou vender a empresa para a Blockbuster por US$ 50 milhões, mas o CEO riu da oferta, considerando a Netflix sem futuro. Anos depois, a Blockbuster faliu, enquanto a Netflix se adaptou ao mundo digital, se reinventou e se tornou um dos maiores sucessos da era do streaming.

2. Airbnb: de três hóspedes a empresa bilionária

Antes de se tornar a plataforma de hospedagem global que revolucionou o mercado, a Airbnb enfrentou grandes dificuldades. Nos primeiros meses de vida, a empresa teve apenas três hóspedes e estava à beira da falência. Os fundadores, Brian Chesky e Joe Gebbia, até tiveram que vender caixas de cereais personalizadas para manter a empresa funcionando. No entanto, eles persistiram, ajustaram o modelo de negócios e, anos depois, transformaram a Airbnb em uma empresa bilionária. O fracasso inicial foi o que os ensinou a adaptar o negócio às necessidades reais do mercado.

O mundo atual e a fragilidade diante do fracasso

Vivemos em uma cultura que supervaloriza o sucesso e demoniza o fracasso. As redes sociais exibem apenas os momentos de triunfo, o que cria uma falsa percepção de que a vida dos outros é perfeita, sem erros ou quedas. Isso tem gerado uma fragilidade emocional, em que o menor fracasso é visto como uma catástrofe pessoal. Não pode ser assim.

O fracasso não define o valor de ninguém. Ele faz parte da jornada de quem se arrisca, de quem está tentando algo novo, de quem está em movimento. Se você quiser alcançar o sucesso, precisa abraçar as quedas como parte do processo. Ter medo de cair é o que impede muitas pessoas de atingir seu potencial completo. Cair não é o problema. O problema é desistir.

As cicatrizes que ensinam e fortalecem

Cada queda deixa uma cicatriz, e essas cicatrizes são lembranças de que você foi à luta, enfrentou desafios e saiu mais forte da situação. Elas são marcas de crescimento, e não de fracasso. São sinais de que você viveu experiências e está mais bem preparado para o que vier. Como dizia o filósofo Friedrich Nietzsche, "o que não o mata, o fortalece". As quedas não são o fim, são parte do caminho que faz você evoluir.

A resiliência que surge após cada queda é o que cria a "casca" que permite você seguir em frente com mais confiança e maturidade. O mundo atual exige profissionais que não desistem diante dos primeiros obstáculos, mas que conseguem se recuperar rapidamente e avançar com convicção. A verdadeira força está em não deixar que as quedas abalem sua autoestima.

No mundo do trabalho se fala muito sobre a resiliência, mas queria introduzir você a um "nível superior" da resiliência, que é a antifragilidade. Esse conceito se refere àquela pessoa que não apenas resiste a crises como também se fortalece com elas. É como um antídoto que lhe transforma. A pessoa que é antifrágil melhora quando exposta ao estresse, aos desafios e à variabilidade. Difícil chegar a esse nível, eu concordo e confesso que ainda estou tentando. Mas não custa termos isso em mente.

Olhe para as quedas com otimismo (e realismo)

As quedas vão acontecer, e você vai sentir a dor. Mas, em vez de se afundar na frustração, olhe para esses momentos com otimismo realista. Cada erro carrega uma lição importante. Cada fracasso é uma chance de reavaliar, ajustar e melhorar. Quanto mais cedo aceitar que cair faz parte do processo, mais rápido começará a ver o fracasso como um trampolim para o sucesso.

Não tenha medo de cair; tenha coragem e se levante ainda mais forte. A resiliência faz com que você desenvolva sua "casca", e quanto mais "casca" acumula, mais preparado estará para as batalhas que virão. Não deixe que o mundo atual, tão focado no sucesso superficial, o deixe esquecer que as cicatrizes são troféus de quem viveu, tentou, caiu e se levantou.

Lembre-se

Empresas e profissionais que triunfam são aqueles que aprendem com os erros e crescem a partir deles. Por isso, seja como os grandes líderes e empresas que caíram e se reergueram: encare a queda de frente, aprenda rápido e siga com ainda mais convicção. Não tenha medo de errar, tenha medo de não tentar.

10

Olhe para seu caminho: esqueça o "mundo cor-de-rosa" das redes sociais

Vivemos em uma era na qual as redes sociais dominam grande parte de nossas vidas. Todos os dias, somos bombardeados com imagens de sucesso, riqueza, viagens paradisíacas e vidas aparentemente perfeitas. A tentação de nos compararmos com essa "realidade cor-de-rosa" é grande, mas extremamente perigosa. O que vemos nas redes não é, nem de longe, a realidade completa. Quando você passa a viver pautado por essa narrativa filtrada, corre o risco de perder o foco no que realmente importa: o seu próprio caminho.

Esquecer o que os outros estão mostrando no Instagram, no TikTok ou em qualquer outra plataforma é fundamental para quem deseja construir uma carreira e uma vida autêntica e bem-sucedida. O mundo on-line pode distorcer nossa percepção da realidade e criar uma falsa expectativa de como as coisas deveriam ser, tanto na vida pessoal quanto na profissional. Para alcançar seus objetivos de forma sólida, você precisa se concentrar em sua própria trajetória, sem cair na armadilha de que a "grama do vizinho é mais verde".

A armadilha das redes sociais: tudo parece perfeito, mas não é

O algoritmo das redes sociais – seja do Instagram, TikTok ou qualquer outra plataforma – foi projetado para entregar o que desperta mais engajamento emocional. O foco é mostrar aquilo que atrai nossa atenção: o que é bonito, inspirador ou até polêmico. Isso significa que as redes sociais não mostram a realidade, mas uma versão idealizada da vida que faz com que o usuário continue navegando, curtindo, compartilhando e, acima de tudo, se comparando.

Um estudo realizado pela Universidade de Copenhague apontou que mais de 50% das pessoas que usam redes sociais relatam sentir inveja e insatisfação ao ver a vida "perfeita" dos outros, o que cria a ilusão de que elas estão sempre atrás, de que os outros estão progredindo mais rápido, vivendo de forma mais plena e tendo mais sucesso. Essa mentalidade é bastante prejudicial porque o foco se desloca da nossa própria jornada para a vida idealizada dos outros.

Como os algoritmos funcionam: mostram o que queremos ver, e não a verdade

Os algoritmos das redes sociais são programados para maximizar o tempo de uso do usuário apenas. Eles não foram criados para lhe deixar mais bem informada ou para lhe deixar mais feliz. Eles aprendem rapidamente o que simplesmente nos atrai por mais tempo naquele segundo – seja conteúdo inspirador, humorístico, trágico ou até polêmico – e, então, passam a mostrar os mesmos tipos de postagens repetidamente. O resultado é que as redes sociais constroem um "mundo paralelo", em que vemos apenas as partes bonitas e editadas da vida de outras pessoas, criando a falsa impressão de que o sucesso, a felicidade e a realização estão ao alcance de todos, o tempo todo. O algoritmo é tão perigoso que ele inclusive atua em sentido contrário. Se você estiver em um dia ruim e der mais audiência a conteúdos tristes e sombrios, ele aprenderá isso rapidinho e lhe entregará mais e mais coisas desse tipo, lhe colocando cada vez mais em um ciclo ruim de tristeza, achando que o mundo todo está vivendo aquilo. Vejamos as características de algumas redes sociais.

* **TikTok:** o algoritmo do TikTok é especialmente poderoso porque é baseado em *machine learning*, que observa os vídeos com os quais você fica mais tempo interagindo para adaptar seu *feed* e mostrar conteúdos semelhantes, continuamente e na mesma hora. Isso pode criar a impressão de que todos estão tendo uma vida emocionante e de sucesso, mas isso é apenas uma curadoria personalizada baseada nas suas preferências.

* **Instagram:** o algoritmo da Meta (detentora do Instagram e do Facebook) prioriza postagens que recebem mais interações em menor tempo. Ou seja, as postagens mais "curtidas" e "comentadas" são as

que aparecem primeiro no seu *feed*. Geralmente, essas postagens são imagens de sucesso, luxo, corpos perfeitos ou coisas fora do comum. O que você não vê são os fracassos, os desafios e as batalhas cotidianas por trás dessas fotos.

* **Facebook:** tendo o mesmo algoritmo da Meta, também impulsiona o que provoca engajamento emocional, o que inclui sentimentos de inveja e inadequação. Como o *feed* é moldado pelas suas interações, você acaba recebendo uma versão cada vez mais distorcida da realidade e, assim, pode achar que todos estão prosperando, menos você.

O problema é que, ao ver apenas a superfície da vida das pessoas, começamos a nos comparar e, muitas vezes, nos sentir insuficientes. Esse é o grande perigo: as redes sociais são uma versão editada da realidade, uma ilusão criada para prender nossa atenção. Elas não são a verdade absoluta.

Síndrome da grama verde do vizinho

A *síndrome da grama verde do vizinho* é a sensação constante de que a vida dos outros é melhor, mais plena e mais interessante do que a nossa. Quando estamos imersos no mundo filtrado das redes sociais, essa síndrome se agrava. A verdade é que, enquanto olha para o sucesso aparente de outras pessoas, você perde a oportunidade de focar seu próprio progresso, pois o tempo gasto comparando-se aos outros poderia ser investido no desenvolvimento de suas habilidades, no planejamento de suas próprias conquistas.

O empreendedor e autor norte-americano Gary Vaynerchuk costuma dizer que a comparação é o ladrão da alegria. Ele reforça que ficar obcecado com o sucesso alheio pode nos levar a perder a confiança em nós mesmos, e isso acaba sendo um grande obstáculo na busca de nossos objetivos. O foco excessivo no que os outros estão fazendo cria uma mentalidade de escassez, em que sentimos que nunca estamos à altura e nunca fazemos o suficiente. No entanto, quando desviamos a atenção da grama do vizinho e passamos a cuidar da nossa própria grama, o verdadeiro crescimento começa.

A realidade das empresas: não existe o "mundo cor-de-rosa"

Se o mundo das redes sociais apresenta uma versão irreal de sucesso e felicidade, o mundo corporativo também está longe de ser esse lugar perfeito que muitas vezes imaginamos. As empresas não funcionam com a leveza e o glamour que costumamos ver on-line. Muito pelo contrário, elas exigem trabalho duro, paciência, resiliência e uma boa dose de frustrações. Muitas das carreiras mais bem-sucedidas foram construídas com fracassos, longas horas de dedicação e superação de desafios, coisas que raramente vemos no *feed*.

As redes sociais promovem a ideia de que o sucesso é linear, rápido e cheio de conquistas visíveis. No entanto, a realidade é bem diferente. Warren Buffett, um dos maiores investidores do mundo, costuma dizer que "ninguém quer ficar rico devagar".* Ele construiu sua fortuna ao longo de décadas, com uma abordagem constante e disciplinada, longe da euforia e do imediatismo que muitos esperam obter atualmente. Sucesso sólido e duradouro raramente acontece da noite para o dia.

Assim como na vida pessoal, a vida dentro das empresas é repleta de altos e baixos. Não existem trajetórias lineares ou perfeitas. O sucesso é construído com base no foco, no trabalho consistente e na capacidade de enfrentar desafios reais, algo que as redes sociais dificilmente mostram.

O perigo da influência digital errada

A influência digital pode ser perigosa quando você se deixa levar por uma visão distorcida da realidade. Influenciadores digitais, na maioria das vezes, mostram apenas o lado glamouroso de sua vida, omitindo os esforços, dificuldades e sacrifícios que fazem parte do processo. Isso pode criar uma fumaça irreal sobre o que é necessário para alcançar o sucesso. Seguir cegamente influências que promovem essa glamourização pode desviá-lo do caminho certo, levando você a criar expectativas impossíveis ou fazer com que desista de seus próprios sonhos por se sentir insuficiente.

Portanto, tenha em mente que as redes sociais são uma ferramenta, não um reflexo da realidade. Se usadas

---

* Warren Buffet teria falado essa frase para Jeff Bezos, fundador da Amazon.

de forma inadequada, podem afetar negativamente sua autoestima, sua confiança e seu foco nos objetivos que realmente importam.

Concentre-se no seu próprio caminho

O sucesso não é uma competição, por isso a única pessoa com quem você deve se comparar é você mesmo. Olhar para o seu próprio progresso, em vez de se perder nas comparações com os outros, é o que vai garantir seu avanço em sua trajetória de forma sustentável. Cada pessoa tem um ritmo, e o sucesso é resultado de quando você vive a sua verdade, não a verdade distorcida dos outros que você vê on-line.

Se se deixar levar por essas influências digitais, colocará em risco sua saúde mental, seu foco e, acima de tudo, seu próprio caminho. A comparação é inevitável, mas é importante lembrar que o sucesso de outra pessoa não diminui o seu. A vida não é um *feed*. A realidade é cheia de desafios, fracassos, esforço e resiliência – e é exatamente isso que constrói o verdadeiro sucesso.

Para resumir, as redes sociais criam um universo onde tudo parece perfeito, mas isso não reflete a realidade. O algoritmo não mostra a verdade, ele mostra o que atrai. E o que atrai não é o trabalho duro, as quedas, os dias sem brilho. No entanto, para alcançar o sucesso, você precisa enfrentar a realidade, com suas falhas e desafios, e não se pautar pela vida filtrada dos outros. Viva o real, não o virtual.

Lembre-se
Foque o seu próprio caminho. Esqueça a comparação e a ilusão do sucesso fácil das redes sociais.

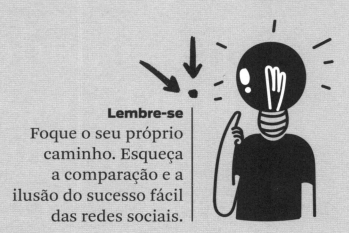

T

Humildade diária nunca foi tão necessária

Em um mercado de trabalho cada vez mais competitivo e dinâmico, a humildade se tornou uma ferramenta essencial para o crescimento pessoal e profissional. No entanto, ela é em geral subestimada, especialmente entre as novas gerações. Vivemos em uma era de empoderamento, na qual as pessoas, especialmente as mais jovens, são incentivadas a acreditar que podem conquistar tudo o que quiserem. Embora essa mensagem seja poderosa e importante, ela precisa vir acompanhada de uma dose saudável de humildade. Sem isso, o risco é cair na armadilha de achar que já se sabe tudo, de que não há mais o que aprender.

Humildade é a chave para manter a mente aberta, reconhecer as próprias limitações e, acima de tudo, aprender constantemente. É entender que, não importa quão longe você tenha chegado, sempre há algo novo a ser aprendido e alguém que pode ensinar.

O perigo do conhecimento superficial

Com o avanço da internet e das redes sociais, nunca foi tão fácil obter informações sobre qualquer assunto. Um simples clique e temos acesso a artigos, vídeos e cursos sobre uma vasta gama de tópicos. No entanto, essa disponibilidade pode criar a ilusão de que entendemos profundamente aquilo que, na verdade, apenas arranhamos a superfície. Ler uma série de artigos ou assistir a vídeos curtos não transforma ninguém em especialista.

Por exemplo, ler algumas postagens sobre inteligência artificial ou criptomoedas no LinkedIn pode fazer com que alguém se sinta capaz de falar sobre esses temas complexos com autoridade, mas essa falsa sensação de *expertise* muitas vezes leva a erros graves de julgamento e à disseminação de informações equivocadas. É importante lembrar que acesso à informação não significa domínio do conhecimento. Ser humilde é aceitar que, apesar de termos acesso a um vasto conteúdo, ainda temos muito a aprender.

Um famoso estudo conduzido por David Dunning e Justin Kruger em 1999 demonstrou que pessoas com pouco conhecimento sobre um assunto tendem a superestimar suas próprias capacidades. Esse é o chamado o efeito Dunning-Kruger e mostra como a falta de humildade, combinada com um conhecimento superficial, pode criar um falso senso de competência, levando as pessoas a acreditarem que são especialistas em áreas nas quais, na verdade, são apenas iniciantes.

A humildade como ferramenta de crescimento

Humildade não significa se diminuir ou não ter confiança em suas próprias capacidades. Muito pelo contrário,

pessoas humildes são aquelas que, apesar de saberem seu valor, entendem que não sabem tudo e estão sempre dispostas a aprender, ouvir e evoluir. Essa mentalidade de aprendizado constante é o que diferencia profissionais e líderes de sucesso daqueles que ficam estagnados.

Um artigo publicado na *Harvard Business Review* mostrou que líderes que praticam a humildade têm equipes mais engajadas e produtivas. Uma vez que reconhecem suas próprias limitações, eles são mais abertos ao *feedback* e promovem uma cultura de aprendizado e desenvolvimento contínuo. Em contraste, aqueles que lideram com arrogância tendem a criar ambientes de trabalho tóxicos, nos quais as pessoas têm medo de errar ou de compartilhar ideias, resultando em equipes desmotivadas e ineficazes.

A juventude empoderada e o valor do *não*

É inegável que as novas gerações estão mais empoderadas e determinadas do que nunca. Os jovens de hoje crescem com o mantra de que podem alcançar qualquer coisa, no entanto, isso tem um lado sombrio: a dificuldade de lidar com o *não*.

O *não* faz parte da vida e, muitas vezes, é ele que nos impulsiona a buscar novas formas de alcançar os objetivos. Receber um *não* não significa que você é incapaz ou que seu valor é menor, mas que talvez seja necessário ajustar a estratégia, aprimorar as habilidades ou até mesmo mudar de direção.

Humildade é fundamental para aceitar um *não* sem se abalar emocionalmente, sem perder a confiança em si. Quando você é humilde, entende que uma negativa é uma oportunidade de reflexão e crescimento. É a chance de ouvir, aprender e se adaptar. No fim das contas, o *não* é um dos professores mais valiosos que você pode ter ao longo da vida.

Exemplos de humildade que construíram grandes profissionais

O verdadeiro sucesso não é obtido apenas com conhecimento técnico e horas de dedicação. Como vimos, outro fator muito importante é a humildade, que faz com que um verdadeiro líder esteja sempre disposto a observar ao seu redor, escutar as pessoas e aprender com as situações. Veja alguns exemplos de líderes que se desenvolveram a partir da humildade.

1. Nelson Mandela: humildade mesmo em triunfo

Nelson Mandela, uma das figuras mais respeitadas da história, mostrou ao mundo o verdadeiro significado de humildade. Após passar 27 anos na prisão, Mandela emergiu sem amargura, disposto a ouvir, aprender e, mais importante, a trabalhar com aqueles que antes o oprimiram. Ele entendeu que, para construir um país mais igualitário e unido, era necessário ser humilde o suficiente para perdoar e trabalhar ao lado de antigos inimigos. Sua liderança baseada em humildade e empatia foi crucial para a transição pacífica da África do Sul para a democracia.

2. *Warren Buffett: o investidor que sempre está aprendendo*

Warren Buffett, um dos maiores investidores de todos os tempos, é famoso por sua simplicidade e sua humildade. Mesmo sendo um dos homens mais ricos do mundo, ele continua vivendo na mesma casa que comprou décadas atrás e dirige seu próprio carro. Buffett é o primeiro a admitir quando erra e a dizer que está sempre aprendendo e, para isso, dedica diariamente horas à leitura e ao estudo, acreditando que nunca sabe o suficiente. Sua humildade em reconhecer que sempre há algo para aprender é o que lhe permitiu ter uma carreira de sucesso duradoura.

Esses exemplos mostram que, mesmo alcançando o auge do sucesso, os grandes líderes nunca deixam de ser humildes. Eles sabem que o conhecimento é infinito e que há sempre algo novo a descobrir.

Humildade: a base para lidar com as dificuldades emocionais

Desenvolver humildade também é fundamental para lidar com os desafios emocionais que surgem ao longo da vida e da carreira. Quando enfrentamos críticas, falhas ou rejeições, é fácil cair em um ciclo de frustração e baixa autoestima. No entanto, se tivermos humildade, seremos capazes de ver essas situações como oportunidades de crescimento.

Aceitar que não sabemos tudo, que podemos errar e que, ainda assim, temos muito a oferecer, nos ajuda a não levar os contratempos para o lado pessoal. Isso não apenas fortalece nossa resiliência emocional, mas também nos permite seguir em frente com confiança e clareza.

Aqui, é importante reconhecer que humildade não é sinônimo de baixa autoestima. Humildade é ter clareza sobre nossas forças e fraquezas e estar disposto a trabalhar em ambas. Esse equilíbrio é o que nos permite enfrentar as dificuldades com serenidade e, mais importante, sempre aprendendo.

Respeito pelos mais experientes

A juventude de hoje, em sua busca por inovação e progresso, muitas vezes desconsidera o valor da experiência. No entanto, os profissionais mais experientes têm uma bagagem valiosa a oferecer. Respeitar e ouvir aqueles que vieram antes de nós não é apenas um sinal de humildade mas também uma forma de acelerar o aprendizado e evitar erros desnecessários.

Todo mundo, desde um CEO até um estagiário, pode aprender com a experiência de alguém que já enfrentou desafios semelhantes ao que está vivendo. Ser uma "esponja" – absorvendo o máximo de conhecimento de todas as fontes possíveis – é a melhor maneira de crescer de forma sólida. Mesmo as piores experiências de outras pessoas podem nos ensinar o que não devemos fazer, ajudando a moldar quem somos e o que queremos alcançar.

Acredito e sempre acreditei que todos nós somos como uma colcha de retalhos, composta de todas as experiências que vivemos ao longo da vida. Cada pedaço – bom ou ruim – contribui para quem somos hoje. Cada *não*, cada crítica, cada fracasso acrescenta algo à nossa jornada, mesmo que no momento não percebamos isso. No final, todas essas peças formam uma história única e valiosa que nos prepara para o futuro.

Humildade é o fundamento da grandeza

Não importa quão longe já tenha chegado, sempre haverá algo a aprender e alguém para ensinar a você. Ter humildade é essencial para manter o foco no que realmente importa: o crescimento contínuo e autêntico. Seja no trabalho, em casa, na vida pessoal ou profissional, nunca deixe de buscar conhecimento e sabedoria. E, acima de tudo, não se ache dono do mundo. A vida é feita de aprendizado constante, de experiências – boas e ruins – que nos moldam a cada momento.

Lembre-se
As experiências negativas, os erros e os desafios são parte da construção de quem somos. Eles acrescentam mais retalhos à nossa colcha e nos preparam para enfrentar o futuro com mais força e resiliência. Portanto, mantenha a humildade como uma constante em sua jornada. Somente assim será capaz de absorver tudo o que a vida tem a oferecer e seguir crescendo, independentemente de onde você já chegou.

12

Deixe sementes por onde passa, não espinhos

Cada interação, cada projeto e cada parceria são oportunidades para plantar sementes que, no futuro, podem se transformar em grandes frutos. No entanto, muitos ainda caem na armadilha de agir de maneira impulsiva e egoísta, sem considerar as consequências de suas ações no longo prazo. A verdade é simples: o mundo profissional é um ovo, em que todos se conhecem e as conexões se cruzam de maneiras inesperadas. Por isso, é crucial que você construa relações positivas e transparentes por onde passar, sem ressentimentos, conflitos ou "espinhos".

Seja você um colaborador em início de carreira ou um executivo experiente, é fundamental entender que sua trajetória profissional será definida, em grande parte, pelas impressões que deixa nas pessoas ao longo do caminho. Nunca subestime o poder de um bom relacionamento, pois, mais cedo ou mais tarde, ele pode ser decisivo em uma recomendação, em uma nova oportunidade ou até mesmo em uma reviravolta inesperada na sua carreira. O foco deve estar sempre em plantar sementes: boas impressões, atitudes éticas e transparência. Isso cria uma rede de respeito e confiança que, ao longo do tempo, se torna um alicerce inabalável.

O impacto das boas sementes

Plantar boas sementes significa se preocupar com a forma como você é lembrado por aqueles com quem trabalhou. Isso não é apenas uma questão de reputação, é uma questão de ética e integridade. Deixar um legado positivo não apenas fortalece a sua imagem profissional, mas também contribui para um ambiente de trabalho mais saudável e colaborativo.

Por exemplo, quando deixar um emprego, saia pela porta da frente. Isso significa concluir suas responsabilidades com profissionalismo, agradecer pela oportunidade e demonstrar respeito por seus colegas e superiores. Nunca se sabe quando esses contatos serão importantes no futuro. Os principais *headhunters* do Brasil apontam que a maioria dos cargos executivos é preenchida por meio de *networking* e referências pessoais. Isso significa que a opinião que as pessoas têm sobre você pode influenciar diretamente seu próximo passo profissional.

Nunca subestime a rede de contatos

O mundo é pequeno, e o mercado de trabalho é ainda menor. Em uma área na qual as indicações e recomendações são altamente valorizadas, a forma como você é lembrado ou lembrada pode ser decisiva para seu futuro profissional. Não importa quão bom seja tecnicamente, se deixar uma trilha de "espinhos" – ou seja, conflitos, mal-entendidos e comportamentos antiéticos –, isso inevitavelmente trará prejuízos no futuro.

Conheço muitas pessoas tecnicamente competentes que, por não entenderem a importância de cultivar boas relações, enfrentam dificuldades imensas em suas carreiras. Não porque não têm talento, mas porque criaram uma reputação negativa. Elas plantaram espinhos em vez de sementes e, agora, enfrentam dificuldades para avançar, mesmo sendo tecnicamente excelentes. Isso mostra que não basta ser bom naquilo que se faz; é preciso, acima de tudo, ser um bom profissional e, mais importante, uma boa pessoa.

Ética e transparência: os alicerces das boas sementes

Ser transparente e ético é essencial para deixar boas impressões. Transparência significa ser claro sobre suas intenções, agir com honestidade e não esconder informações. Já a ética envolve cumprir suas promessas, tratar todos com respeito e manter a integridade em todas as situações. Quando age de acordo com esses princípios, você deixa uma marca positiva nas pessoas ao seu redor, mesmo que o impacto não seja imediato.

A curto prazo, talvez ninguém perceba suas boas condutas, e pode até parecer que o caminho mais fácil é negligenciar esses valores. No entanto, a trajetória sólida e bem-sucedida é construída justamente por aqueles que

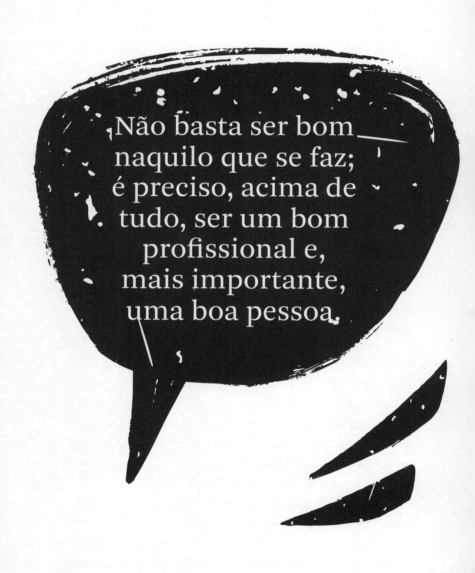

mantêm sua ética e integridade independentemente das circunstâncias. Em algum momento, isso retornará de maneira positiva, abrindo portas que você nunca imaginou.

Por outro lado, se agir de maneira egoísta ou desrespeitosa, poderá até ter ganhos momentâneos, mas isso vai cobrar seu preço. Esse retorno não tem nada a ver com superstição ou sorte, é uma realidade do mundo profissional. Quando você cria uma imagem negativa, ela se espalha e pode fechar portas que seriam fundamentais para o seu crescimento.

Como plantar sementes positivas

Plantar boas sementes não é algo complicado, mas requer consistência e atenção. Aqui estão algumas formas práticas de deixar uma impressão positiva por onde você passar para que suas atitudes sejam éticas e transparentes.

* **Respeite todo mundo:** independentemente da posição que você e outras pessoas ocupem, trate todo mundo com respeito e consideração, desde o estagiário até o CEO. Lembre-se de que todos têm algo a lhe ensinar, e você nunca sabe como uma interação simples pode influenciar sua carreira no futuro. Tratar as pessoas com educação é o mínimo que podemos fazer.
* **Tenha honestidade e seja transparente:** manifeste com clareza suas intenções e ações. Quando

errar, admita que errou. Quando precisar de ajuda, peça. Pessoas transparentes inspiram confiança e criam um ambiente de trabalho mais saudável e colaborativo.

* **Construa pontes, não barreiras:** quando enfrentar um conflito ou desacordo, aborde a situação de maneira construtiva. Evite a tentação de cortar laços ou de sair da situação de maneira negativa. Sempre busque resolver as diferenças de forma amigável e profissional.

* **Valorize cada experiência:** cada interação é uma oportunidade para aprender e crescer. Mesmo que trabalhe com alguém por apenas um dia, faça com que essa pessoa tenha uma boa impressão de você. Isso é ser proativo na construção de sua imagem.

* **Saia pela porta da frente:** quando decidir sair de um emprego ou projeto, faça isso com elegância. Conclua suas tarefas, ajude na transição e demonstre gratidão pela oportunidade. Não importa o motivo da sua saída, deixe as portas abertas para possíveis retornos ou novas oportunidades.

A longa jornada da boa reputação

Criar uma reputação sólida leva tempo, mas destruí-la pode ser questão de segundos. Seja paciente e persistente em suas ações. Mantenha sua consciência limpa e seus valores intactos. Mesmo quando ninguém parece notar, você está construindo algo que, no futuro, será fundamental para o seu sucesso.

Boas sementes podem demorar para florescer, mas, quando o fazem, o impacto é duradouro e transformador.

Plante sementes, não espinhos

Sua carreira e sua vida pessoal são como um campo onde você constantemente planta sementes. Cada palavra, cada ação e cada decisão são sementes que você deixa pelo caminho. Tenha certeza de que, onde quer que vá, está plantando sementes. E mesmo que tenha plantado só sementes positivas, isso não significa que nunca enfrentará dificuldades, mas que, quando surgirem desafios, você terá uma base de respeito, confiança e apoio na qual se sustentar.

Lembre-se
A trajetória profissional não é construída apenas com habilidades técnicas ou inteligência, mas com relações humanas fortes e positivas. Deixe sempre as portas abertas, cultive boas memórias e construa um legado de integridade e respeito. Isso, mais do que qualquer outra coisa, é o que vai garantir que sempre tenha novas oportunidades, independentemente de onde estiver.

13

Cuide sempre da sua cabeça

Ao longo deste livro, discutimos diversas estratégias para alcançar o sucesso profissional e pessoal, por exemplo: humildade, resiliência, transparência e como deixar boas impressões por onde passamos. Mas, acima de tudo isso, existe um elemento que permeia todos esses aspectos e que, hoje, é talvez o mais importante de todos: o cuidado com a saúde emocional e mental. Cuidar da mente é cuidar de si mesmo, e isso tem um impacto direto não apenas na sua qualidade de vida, mas também no seu desempenho e na sua satisfação profissional.

Estar com a cabeça no lugar, em equilíbrio emocional, em paz, é fundamental para enfrentar os desafios diários da vida pessoal e profissional. A verdade é que, não importa quão talentoso, talentosa ou competente você seja, sem uma mente saudável não conseguirá utilizar plenamente suas habilidades e potencialidades. Estar bem emocionalmente passou a ser o diferencial mais importante para se destacar e ter uma trajetória sólida e duradoura.

A importância do equilíbrio emocional no trabalho

No ambiente corporativo, a pressão por resultados, a competição e as constantes mudanças podem facilmente afetar a saúde mental. De acordo com um estudo da Organização Mundial da Saúde (OMS), a depressão e a ansiedade custam à economia global cerca de US$ 1 trilhão por ano em perda de produtividade. Isso mostra que o impacto das questões emocionais vai muito além do indivíduo: afeta diretamente a produtividade e o desempenho das empresas.

Outro dado alarmante é que, segundo a International Stress Management Association (ISMA), o Brasil é o segundo país com o maior nível de estresse no trabalho do mundo, com mais de 70% dos trabalhadores afirmando que sofrem de alguma forma de estresse. Isso deixa claro que, para lidar com a complexidade e as pressões do mercado atual, a inteligência emocional é tão ou mais importante do que as competências técnicas.

Inteligência emocional não é apenas saber gerenciar as próprias emoções, mas também lidar com as emoções dos outros de forma saudável. Ela envolve a capacidade de reconhecer, compreender e administrar as emoções de maneira eficaz, especialmente em situações de conflito. Profissionais com alta inteligência emocional conseguem manter a calma sob pressão, lidam melhor com críticas e são mais resilientes diante de adversidades.

A vulnerabilidade como força

Antigamente, a vulnerabilidade era vista como sinal de fraqueza. Mas, hoje em dia, ela é reconhecida como uma das maiores forças que alguém pode ter. Ser vulnerável significa ter disposição para admitir que não se sabe tudo, reconhecer as próprias limitações e, acima de tudo, ser autêntico, ser autêntica. Ao se mostrarem vulneráveis, as pessoas criam um ambiente de confiança e transparência, tanto no trabalho quanto na vida pessoal.

A pesquisadora e escritora Brené Brown, uma das maiores autoridades sobre esse tema, afirma que "a vulnerabilidade é o berço da inovação, da criatividade e da mudança". Aceitar nossa vulnerabilidade nos torna mais abertos ao aprendizado e à conexão genuína com os outros. Quando você se permite ser vulnerável, se conecta com as pessoas de forma mais verdadeira, e isso é essencial para construir relacionamentos sólidos e duradouros.

A inteligência emocional no trabalho e na vida

A inteligência emocional é a habilidade de reconhecer e gerenciar suas próprias emoções e as emoções dos outros. No contexto profissional, isso significa saber lidar com críticas, ter a capacidade de motivar a si mesmo e aos outros, e manter a calma em situações de pressão. É, sem dúvida, uma das competências mais valorizadas no mercado de trabalho atual.

Um estudo realizado pela CareerBuilder, em 2011, revelou que 71% dos empregadores valorizam a inteligência emocional mais do que o quociente de inteligência (QI). Isso porque profissionais emocionalmente inteligentes são capazes de se adaptar mais rapidamente às mudanças, lidam melhor com conflitos e são mais propensos a serem bons líderes. Eles não apenas entendem suas próprias emoções, mas também conseguem se colocar no lugar dos outros, criando ambientes de trabalho mais saudáveis e produtivos.

Cuide do corpo para cuidar da mente

Manter o equilíbrio emocional envolve cuidar não apenas da mente como também do corpo. Esportes, lazer e alimentação saudável são fundamentais para manter o bem-estar mental, pois estimulam a produção dos hormônios da felicidade (endorfina, dopamina, serotonina e oxitocina), que ajudam a combater o estresse e a ansiedade. Além disso, a prática regular de atividades físicas ajuda no bom funcionamento do corpo humano, e os momentos de lazer e descontração são essenciais para "desligar" a mente das pressões do dia a dia e recarregar as energias.

Pessoas que praticam exercícios regularmente têm bem menos chance de desenvolver sintomas de depressão do que as sedentárias. E uma alimentação equilibrada, rica em nutrientes, impacta diretamente o funcionamento do cérebro e, consequentemente, as emoções e o humor. Uma mente saudável começa com um corpo saudável, e negligenciar qualquer um dos dois aspectos é um erro que pode custar caro.

Fale o que sente: comunicação é fundamental

Outro ponto importante para manter a saúde emocional é a comunicação assertiva. Guardar sentimentos, frustrações e preocupações consigo pode levar a uma somatização, que é quando problemas emocionais se manifestam fisicamente por meio de dores, tensões ou até doenças mais sérias. Falar o que sente, de maneira respeitosa e clara, é uma forma de aliviar a pressão interna e resolver questões antes que elas se tornem maiores.

Nenhum problema é insignificante demais para ser discutido, desde que seja feito de forma adequada. Expressar suas emoções, sejam elas positivas ou negativas, é essencial para manter um equilíbrio interno e evitar que pequenas coisas se transformem em grandes obstáculos. Comunicação aberta e honesta é a base de relacionamentos saudáveis, tanto no trabalho quanto na vida pessoal.

O lazer e a descompressão são essenciais

O sucesso não se mede apenas pelo trabalho que você faz, mas também pela qualidade de vida que leva. Ter momentos de lazer e descompressão é fundamental para manter o equilíbrio emocional. Assistir a um bom filme, ler um livro, passar tempo com a família e os amigos, viajar ou simplesmente não fazer nada sem culpa são atividades que ajudam a recarregar as energias e a manter a saúde mental em dia.

Trabalhar incessantemente, sem parar para relaxar, é um erro comum que muitas pessoas cometem na busca pelo sucesso. Descansar e se divertir não são contraprodutivos; eles são parte essencial de uma vida equilibrada e saudável. É durante esses momentos livres que a mente descansa, se reorganiza e se prepara para os novos desafios.

O impacto da saúde mental na carreira

A saúde mental não é apenas um complemento à vida profissional; ela é a base sobre a qual tudo se sustenta. Profissionais com problemas emocionais tendem a ter mais dificuldades de concentração, produtividade e inovação. Um estudo publicado na *Harvard Business Review* mostra que funcionários emocionalmente equilibrados são 30% mais produtivos e têm 70% mais chances de ocupar posições de liderança do que aqueles que não conseguem gerenciar bem suas emoções.

Portanto, cuidar da mente é, na verdade, cuidar também da sua carreira. A forma como você lida com as pressões, os desafios e até mesmo os sucessos determina seu desempenho e sua capacidade de crescer. E isso envolve desde buscar ajuda profissional, quando necessário, até investir em atividades que proporcionem prazer e bem-estar.

O cuidado contínuo com a mente é o caminho para o sucesso

Ao longo deste livro, discutimos como a humildade, a resiliência, a capacidade de deixar boas impressões e a dedicação aos fundamentos são essenciais para construir uma carreira sólida e bem-sucedida. Mas, no fim das contas, tudo isso só é possível se você estiver com a cabeça no lugar, com equilíbrio emocional e a saúde mental em dia.

Uma mente saudável permite que você aprenda com as quedas, aceite os *nãos* e aproveite as oportunidades de forma consciente. Sem esse equilíbrio, até as maiores conquistas podem parecer vazias e insatisfatórias.

Por isso, cuide sempre da sua cabeça. Ela é o núcleo de todos os seus sonhos, objetivos e conquistas. Sem saúde mental, nada mais faz sentido. Aprenda a equilibrar o trabalho com o lazer, a buscar apoio quando necessário e a manter o foco no que realmente importa: o seu bem-estar. Ter uma mente saudável é uma das chaves para utilizar plenamente todo o seu potencial e, assim, construir uma trajetória profissional e pessoal de sucesso.

Ao longo de sua jornada, nunca esqueça de que o mais importante é estar bem consigo mesmo. Busque o crescimento, enfrente os desafios, mas sempre com a consciência de que sua saúde emocional é a base de tudo.

Lembre-se
Cuidar da mente não é sinal de fraqueza, e sim de força e inteligência. O verdadeiro sucesso não é apenas atingir metas e realizar sonhos, mas conseguir fazer isso de maneira equilibrada, saudável e feliz.

14

Que o mundo seja seu, da forma que você sonhar!

Chegamos ao final desta jornada. Agora é o momento de amarrar todas as ideias e todos os sentimentos que exploramos ao longo do livro. Falamos sobre resiliência, humildade, deixar boas impressões, cuidar da mente e manter uma visão realista sobre o sucesso. Se há uma mensagem principal que quero deixar, é a seguinte: o mundo é seu, mas vá com calma. Conquistar o que você deseja não significa atropelar etapas ou forçar situações. O segredo está em construir uma trajetória sólida, autêntica e, acima de tudo, saudável.

É fácil se perder na correria do dia a dia, nas pressões externas e nas expectativas que você mesmo se impõe. Muitas vezes, olhamos para o lado e achamos que o sucesso dos outros é mais rápido, mais fácil, mais glamouroso. Mas isso é apenas uma ilusão. O verdadeiro sucesso é feito de altos e baixos, de quedas e recomeços. Ele é fruto de uma construção paciente, onde cada etapa tem seu valor, e cada experiência, mesmo as dolorosas, ensina algo valioso. Não adianta querer pular degraus. Para construir um edifício forte, você precisa garantir que a base está sólida.

Em um mundo que valoriza tanto a aparência e os resultados imediatos, é essencial lembrar que a vida não é um *sprint*, mas uma maratona. Você pode e deve sonhar alto, mas sempre com os pés no chão. Não se compare com o sucesso alheio; em vez disso, concentre-se em fazer

O segredo está em construir uma trajetória sólida, autêntica e, acima de tudo, saudável.

o seu próprio caminho, no seu tempo, respeitando os seus limites e celebrando as suas conquistas, por menores que pareçam.

Ninguém vê o esforço diário, as pequenas batalhas vencidas, as dúvidas enfrentadas no silêncio. E é exatamente aí que está o verdadeiro valor de cada trajetória.

O sucesso, quando visto de fora, parece simples. Mas quem vive o dia a dia sabe que ele é feito de escolhas difíceis, de momentos em que a dúvida é companheira constante e de muitas quedas. Tudo isso é muito importante para seu crescimento, pois, quando se levantar, estará mais forte. Não há problema algum em admitir que não sabe tudo, que há dias em que o cansaço pesa e que a vontade de desistir bate à porta. Isso não faz de você uma pessoa fraca, mas demonstra sua humanidade. Aceitar essa vulnerabilidade é um sinal de coragem, e é assim que você cresce e se conecta verdadeiramente com o mundo ao seu redor.

Ao longo deste livro, falamos sobre a importância de deixar boas sementes por onde passa. As pessoas com quem trabalha, as portas que abre, as que fecha, tudo isso faz parte da construção do seu legado. Nunca subestime o impacto que suas atitudes podem ter na vida dos outros. Pequenos gestos de gentileza e respeito podem abrir caminhos que você nem imaginava existir. Não importa quão técnica ou inteligente uma pessoa seja, se ela não souber cultivar boas relações, terá uma trajetória limitada. É com as conexões humanas, baseadas em respeito e autenticidade, que se constrói uma carreira duradoura e significativa.

A humildade é o alicerce que sustenta tudo isso. Ela é o que permite reconhecer que sempre há algo a aprender, que ninguém sabe tudo e que as melhores oportunidades surgem quando estamos abertos ao novo. Vivemos em um mundo onde todos querem ser ouvidos, mas poucos se dispõem a escutar. A humildade nos ensina a valorizar as experiências dos outros, a aprender com os erros, a ter paciência nos momentos difíceis e a recuar quando necessário para, depois, avançar com mais força.

E isso me leva ao ponto mais importante: cuide da sua cabeça, sempre. O que adianta conquistar o mundo se, no processo, você se perder? Sua saúde mental é o bem mais precioso que possui. É ela que vai sustentá-lo nos momentos de dúvida, que vai mantê-lo firme quando tudo parecer desmoronar e que vai permitir que aproveite cada conquista, cada vitória. Não negligencie a sua mente. Reserve tempo para descansar, para fazer o que gosta, para estar com quem faz bem para você. Não se culpe por parar e respirar. O equilíbrio entre o trabalho e o lazer é o que fornecerá a energia necessária para continuar.

Cada capítulo deste livro trouxe um pedaço de uma construção enorme. Falamos sobre como enfrentar desafios, como aprender com as derrotas, como manter a integridade e a ética, e como se preparar para os inevitáveis *nãos* que a vida traz. Agora, quero que você olhe para tudo isso e veja que cada um desses elementos é apenas uma parte de um todo muito maior: a construção de uma vida com propósito, equilíbrio e, acima de tudo, autenticidade. O verdadeiro sucesso não é apenas sobre o que você conquista, mas sobre quem você se torna ao longo do caminho.

Então, siga em frente com coragem, com determinação, mas também com leveza. Valorize cada passo, cada pequena vitória e, principalmente, cada aprendizado. Não tenha pressa.

Lembre-se

O mundo é seu, mas vá com calma. Conquiste-o no seu tempo, do seu jeito, respeitando seus limites, respeitando os outros e, acima de tudo, sendo fiel a quem você é. Porque, no fim das contas, não se trata apenas de ultrapassar a linha de chegada. Se trata de como você caminha, de quem se torna e das sementes que deixa pelo caminho. A vida é uma jornada única, e você merece vivê-la plenamente.

Obrigado por compartilhar esta caminhada comigo. Espero que você continue escrevendo sua história com coragem, resiliência e, principalmente, com o coração. O mundo está aí, cheio de possibilidades. Vá e conquiste-o, com calma, sabedoria e muita fé em si mesmo, em si mesma.

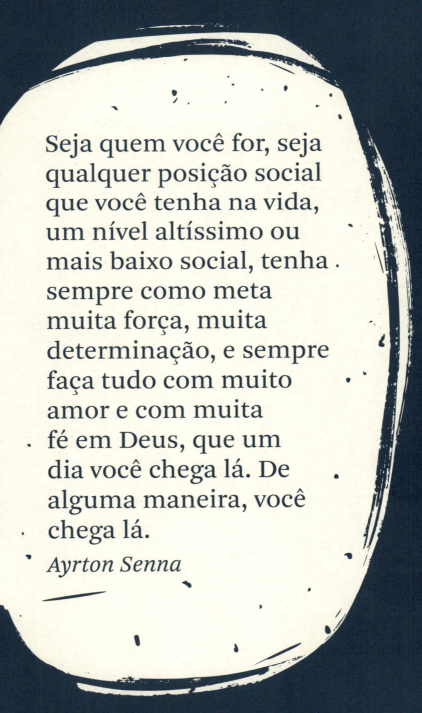

Seja quem você for, seja qualquer posição social que você tenha na vida, um nível altíssimo ou mais baixo social, tenha sempre como meta muita força, muita determinação, e sempre faça tudo com muito amor e com muita fé em Deus, que um dia você chega lá. De alguma maneira, você chega lá.

Ayrton Senna

Referências

BROWN, Brené. The power of vulnerability. **TED Talks**, jun. 2010. Disponível em: https://www.ted.com/talks/brene_brown_the_power_of_vulnerability. Acesso em: 29 jan. 2025.

CABLE, Dan. How humble leadership really works. **Harvard Business Review**, Boston, 23 abr. 2018. Disponível em: https://hbr.org/2018/04/how-humble-leadership-really-works. Acesso em: 29 jan. 2025.

COMO a inteligência emocional pode impactar o desempenho e a produtividade das equipes? **Vorecol**, [202-?]. Disponível em: https://vorecol.com/pt/blogs/blog-como-a-inteligencia-emocional-pode-impactar-o-desempenho-e-a-produtividade-das-equipes-136843. Acesso em: 11 fev. 2025.

DELOITTE. **2024 gen Z and millennial survey**: living and working purpose in a transforming world. London: Deloitte Global, 2024.

DUNBAR, Muriel. **A review of entitlement system of LLL**. Geneva: Unesco; International Labour Organization, 2019.

GALLUP. **State of the global workplace**: the voice of the world's employees. Washington: Gallup, 2024.

GOLEMAN, Daniel. **Liderança**: a inteligência emocional na formação do líder. Rio de Janeiro: Objetiva, 2015.

KRUGER, Justin; DUNNING, David. Unskilled and unaware of it: how difficulties in recognizing one's own incompetence lead to inflated self-assessments. **Journal of Personality and Social Psychology**, v. 77, n. 6, 1999.

MANYUKA, James *et al*. O futuro do mercado de trabalho: impacto em empregos, habilidades e salários. **McKinsey Global**

Institute, 28 nov. 2017. Disponível em: https://www.mckinsey.com/featured-insights/future-of-work/jobs-lost-jobs-gained--what-the-future-of-work-will-mean-for-jobs-skills-and-wages/pt-BR. Acesso em: 28 jan. 2025.

MENTAL health at work. **World Health Organization**, 2022. Disponível em: https://www.who.int/teams/mental-health-and-substance-use/promotion-prevention/mental-health-in--the-workplace. Acesso em: 29 jan. 2025.

NIETZSCHE, Friedrich. **Ecce Homo**. São Paulo: Companhia das Letras, 2015.

PAVAN, Bruno. 72% dos brasileiros estão estressados no trabalho, revela pesquisa. **IstoÉ Dinheiro**, 10 set. 2023. Disponível em: https://istoedinheiro.com.br/72-dos-brasileiros-estao-estressados-no-trabalho-revela-pesquisa/. Acesso em: 29 jan. 2025.

SPERA, Christopher *et al*. **Volunteering as a pathway to employment**: does volunteering increase odds of finding a job for the out of work? Washington: Corporation for National and Community Service, 2013.

TESTES de habilidades gerenciais sob a ótica da inteligência emocional: O que empresas precisam saber? **Vorecol**, [202-?]. Disponível em: https://smart-360-feedback.com/pt/blogs/blog--testes-de-habilidades-gerenciais-sob-a-otica-da-inteligencia-e-mocional-o-que-empresas-precisam-saber-171278. Acesso em: 11 fev. 2025.

TONDO, Stephanie. O jeito Buffett de investir: como o mago de Omaha acumulou sua fortuna. **e-investidor – Estadão**, São Paulo, 25 nov. 2023. Disponível em: https://einvestidor.estadao.com.br/negocios/jeito-warren-buffett-investir-fortuna/. Acesso em: 29 jan. 2025.

WORLD ECONOMIC FORUM. **The future of jobs**: employment, skills, and workforce strategy for the fourth industrial revolution. Geneva: World Economic Forum, 2014.

Índice geral

A

Abertura de mente, 56

Adaptabilidade: a chave para a alta trabalhabilidade, 23

Adaptação constante: o novo normal, 32

Airbnb: de três hóspedes a empresa bilionária, 95

Apple: o simples e funcional, 85

Aprofundamento como diferencial no mercado, O, 76

Armadilha das redes sociais: tudo parece perfeito, mas não é, A, 102

Armadilha do sucesso instantâneo, A, 18

Atividades paralelas e voluntárias: experiências que moldam, 68

B

Básico bem-feito é a verdadeira inovação, O, 88

C

Carreira como curvas, não linhas retas, 28

Carreiras fora da profissão original, 45

Cicatrizes que ensinam e fortalecem, As, 96

Como os algoritmos funcionam: mostram o que queremos ver, e não a verdade, 102

Como plantar sementes positivas, 125

Concentre-se no seu próprio caminho, 108

Coragem de cair e levantar: o combustível do crescimento, A, 66

Coragem para enfrentar o desconhecido, 58

Cuidado contínuo com a mente é o caminho para o sucesso, O, 138

Cuide do corpo para cuidar da mente, 134

Cuide sempre da sua cabeça, 130

D

Deixe sementes por onde passa, não espinhos, 120

Desafio do mergulho no básico, O, 86

Desconstrua a profissão e construa uma trajetória, 44

E

Empatia e habilidade de conectar-se com os outros, 59

Encare cada desafio como uma nova onda, 70

Esqueça as orientações vocacionais, você mudará todos os dias –
e viva bem com isso, 26

Ética e transparência: os alicerces das boas sementes, 123

Exemplos de humildade que construíram grandes profissionais, 115

Exemplos de sucesso no básico bem-feito, 84

F

Fale o que sente: comunicação é fundamental, 136

Foco no curto prazo: mais uma chave para o sucesso, 38

Futuro pertence aos resolvedores de problemas, O, 61

G

Grandes líderes que caíram e se levantaram, 92

H

Humildade como ferramenta de crescimento, A, 112

Humildade diária nunca foi tão necessária, 110

Humildade é o fundamento da grandeza, 118

Humildade: a base para lidar com as dificuldades emocionais, 116

I

Ilusão do *one-hit wonder*, A, 20

Impacto da saúde mental na carreira, O, 137

Impacto das boas sementes, O, 122

Importância de realizações e credibilidade, A, 49

Importância do equilíbrio emocional no trabalho, A, 131

Índice geral, 151

Inovação como aperfeiçoamento do básico, A, 88

Inteligência emocional no trabalho e na vida, A, 133

Introdução, 12

J

Juventude empoderada e o valor do *não*, A, 114

L

Lazer e a descompressão são essenciais, O, 136

Longa jornada da boa reputação, A, 126

M

Mad skills, As, 31

McDonald's: o poder do arroz com feijão bem-feito, 84

Medo paralisa, a coragem liberta, O, 67

Mergulhe em piscinas diferentes, 76

Metáfora da piscina funda, A, 75

Mundo atual e a fragilidade diante do fracasso, O, 96

Mundo pertence a quem resolve problemas, O, 55

N

Não invente prato novo se o arroz com feijão ainda está ruim, 82

Não planeje sua carreira, planeje procurar problemas para
resolver, 54

Nelson Mandela: humildade mesmo em triunfo, 115

Netflix: de tentativa de venda ao sucesso global, 95

Nota do editor, 6

Nova realidade do trabalho: não existe uma linha reta, A, 27

Nunca subestime a rede de contatos, 122

O

Olhe para as quedas com otimismo (e realismo), 97

Olhe para seu caminho: esqueça o "mundo cor-de-rosa" das redes
sociais, 100

Oportunidades não esperam, elas aparecem quando você está em
movimento, 65

Oprah Winfrey: de demitida a bilionária, 94

P

Pare de pôr o pé no "rasinho" e mergulhe na piscina funda, 72

Perfil do resolvedor de problemas, O, 56

Perigo da influência digital errada, O, 106

Perigo de querer tudo, O, 42

Perigo do conhecimento superficial, O, 111

Plante sementes, não espinhos, 127

Poder do mergulho profundo, O, 74

Prefácio, 8

Pressa de inovar sem uma base sólida, A, 83

Proatividade, 59

Problemas e inovação, 61

Problemas são oportunidades disfarçadas, 60

Profundidade requer coragem, A, 77

Q

Que o mundo seja seu, da forma que você sonhar!, 140

Quedas que fortaleceram empresas, As, 95

R

Realidade das empresas: não existe o "mundo cor-de-rosa", A, 105

Referências, 149

Reinterpretação da orientação vocacional, 29

Resiliência de que precisamos, A, 91

Respeito pelos mais experientes, 117

S

Saber o que quer é preciso!, 36

Saber o que quer não significa estar preso a uma única rota, 41

Síndrome da grama verde do vizinho, 104

Sobreposição de possibilidades: o desafio da atualidade, A, 37

Steve Jobs: expulso de sua própria empresa, 94

Sucesso está no fundo da piscina, O, 79

Sucesso imediato é a grande *fake news* do momento, O, 16

Sucesso sustentável: um processo de construção, 22

Sumário, 4

Superficialidade do mundo, A, 73

Surfe as ondas do momento, com coragem de cair e levantar, 64

V

Vai ter muita queda, vai doer, mas vai fazer bem, 90

Valor das microtarefas e das habilidades transferíveis, O, 29

Valor do básico bem-feito no mundo profissional, O, 85

Valor do foco para o mercado de trabalho, O, 40

Vulnerabilidade como força, A, 132

W

Walt Disney: o homem que fracassou antes de criar um império, 92

Warren Buffett: o investidor que sempre está aprendendo, 116